Introdução ao Direito Comparado

Introdução ao Direito Comparado

Carlos Ferreira de Almeida
Jorge Morais Carvalho
Professores da Faculdade de Direito da Universidade Nova de Lisboa

2017 • 3ª Edição • Reimpressão

INTRODUÇÃO AO DIREITO COMPARADO
3ª edição
AUTORES
Carlos Ferreira de Almeida
Jorge Morais Carvalho
EDITOR
EDIÇÕES ALMEDINA, S.A.
Rua Fernandes Tomás, n.ᵒˢ 76, 78 e 80
3000-167 Coimbra
Tel.: 239 851 904 · Fax: 239 851 901
www.almedina.net · editora@almedina.net
DESIGN DE CAPA
FBA.
IMPRESSÃO E ACABAMENTO
DPS - DIGITAL PRINTING SERVICES, LDA
Abril, 2017
DEPÓSITO LEGAL
356400/13

Apesar do cuidado e rigor colocados na elaboração da presente obra, devem os diplomas legais dela constantes ser sempre objecto de confirmação com as publicações oficiais.
Toda a legislação contida na presente obra encontra-se atualizada de acordo com os diplomas publicados em Diário da República, independentemente de terem já iniciado a sua vigência ou não.
Toda a reprodução desta obra, por fotocópia ou outro qualquer processo, sem prévia autorização escrita do Editor, é ilícita e passível de procedimento judicial contra o infrator.

 | GRUPOALMEDINA

BIBLIOTECA NACIONAL DE PORTUGAL – CATALOGAÇÃO NA PUBLICAÇÃO
ALMEIDA, Carlos Ferreira de, 1938-, e outro

Introdução ao Direito Comparado/Carlos Ferreira de Almeida, Jorge Morais Carvalho. - 3ª ed.
(Manuais universitários)
ISBN 978-972-40-5066-9

I – CARVALHO, Jorge Morais

CDU 340

Em homenagem à Doutora Isabel de Magalhães Collaço,
a Professora

PREFÁCIO DA 3ª EDIÇÃO

Passaram 14 anos depois da edição anterior, há muito esgotada. O direito comparado assenta nos elementos mais estáveis de cada sistema jurídico, mas a sua perspetiva sincrónica exige a contemporaneidade das fontes de direito e de outros elementos sistemáticos das ordens jurídicas em comparação. Por isso, se procede à sua atualização.

Além disso, adita-se o estudo dos direitos islâmicos e a sua comparação com os "direitos cristãos" e desenvolvem-se as questões de método, incorporando excertos do livro *Direito comparado. Ensino e método*, Lisboa, 2000. Outras mudanças pontuais têm em vista a finalidade primariamente pedagógica da obra, que resulta da investigação dos autores dirigida ao ensino, primeiro na Faculdade de Direito da Universidade de Lisboa, depois na sua congénere da Universidade Nova de Lisboa.

Cremos que a obra aproveitará a estudantes de todos os ciclos de estudo, interessando as questões metodológicas em especial aos estudantes dos ciclos mais avançados. O texto foi também concebido para todos os juristas que pretendam iniciar-se na comparação jurídica e na compreensão de direitos estrangeiros.

Mantém-se a omissão de notas de rodapé. A referência a opiniões doutrinárias limita-se à indicação do autor, constando a citação completa da obra na lista bibliográfica final.

Lisboa, janeiro de 2013

NOTA DE APRESENTAÇÃO DA 1ª EDIÇÃO

Este pequeno manual reproduz, no essencial e em síntese, as lições de Direito Comparado que nos últimos anos venho proferindo na Faculdade de Direito de Lisboa. Por razões de unidade, omite-se porém a parte do curso que tem sido reservada ao estudo comparativo de um instituto jurídico.

O âmbito das matérias selecionadas e o modelo metodológico são inspirados na orientação anteriormente imprimida, na mesma disciplina, pela Professora Doutora Isabel de Magalhães Collaço, a quem aqui presto a minha modesta, mas muito sentida, homenagem.

Os destinatários do texto que agora se publica são, em primeiro lugar, os alunos das cadeiras de Direito Comparado e de Sistemas Jurídicos Comparados incluídos nos currículos de algumas faculdades de direito portuguesas. Mas dirige-se também a todos os estudantes e profissionais do direito interessados numa iniciação à comparação jurídica.

Lisboa, agosto de 1994

Capítulo I
Questões gerais de direito comparado

§ 1º NOÇÃO E OBJETO DO DIREITO COMPARADO

1. O direito comparado como estudo comparativo de direitos

I. Direito comparado significa **comparação de direitos** (em alemão, *Rechtsvergleichung*).

Comparação é a atividade que consiste em estabelecer sistematicamente semelhanças e diferenças, isto é, pesquisar e relacionar semelhanças e diferenças segundo um método adequado a um objetivo. "Direitos" tem, nesta expressão, sentido equivalente a sistemas jurídicos.

II. A expressão direito comparado nem sempre foi utilizada com o mesmo significado, uma vez que não têm sido uniformes os critérios para a delimitação do seu objeto.

Num primeiro conjunto de conceções (que se podem designar como) funcionais, o direito comparado define-se – e o seu objeto delimita-se – pela função que lhe é atribuída. Foi esta a via adotada, no período "romântico" do direito comparado, por alguns dos seus "fundadores" (Saleilles, Lambert).

Orientação semelhante subsistia ainda em autores que, escrevendo em meados do século XX, concebiam o direito comparado como "uma disciplina normativa e teleológica", cujo fim seria "dar aos homens regras de conduta e de ação" (Arminjon/Nolde/Wolff) ou que, na definição da "teoria jurídica comparativa", incluíam a procura de "soluções adequadas" (Schnitzer).

Mas, quando o direito comparado se libertou da sua fase juvenil e superou a necessidade de se autojustificar como disciplina jurídica, ficou mais claro que o

INTRODUÇÃO AO DIREITO COMPARADO

critério do objeto deveria ser resolvido sem recurso às suas funções ou aos resultados esperados, passando estes aspetos a ser abordados de modo autónomo entre as questões gerais da doutrina do direito comparado.

O objeto do direito comparado desfuncionalizou-se, sendo hoje delimitado de modo neutro por referência às realidades jurídicas em comparação.

III. Como objeto do direito comparado indicam-se geralmente ordens jurídicas nacionais ou sistemas jurídicos, expressões que, no contexto, assumem sentido equivalente.

Alguns comparatistas procuraram ser mais precisos, especificando que o objeto do direito comparado incide sobre determinados componentes dos sistemas jurídicos: normas jurídicas; regras e instituições jurídicas; ideias e instituições. Mas não parece ser necessário ir tão longe, porque, na demarcação dos problemas gerais do direito comparado, é preferível deixar o alvo a atingir para o âmbito da metodologia.

A comparação pressupõe logicamente pluralidade de objetos que, neste caso, deverá decorrer da diversidade das ordens jurídicas a comparar. Em consequência, o simples estudo de direitos estrangeiros está excluído do âmbito do direito comparado.

Sem prejuízo de uma perspetiva histórica, a comparação no direito comparado tende a ser atual e sincrónica (ou horizontal), reportando-se à situação contemporânea de cada um dos sistemas jurídicos em comparação. Assim se distingue, pelo objeto, de outras disciplinas jurídicas comparativas, tais como a história do direito (que envolve uma visão diacrónica ou vertical) e a história comparativa do direito (que compara a evolução de vários sistemas).

IV. Poder-se-á assim concluir que o objeto do direito comparado é formado pela comparação (tendencialmente sincrónica e atual) entre ordens jurídicas, podendo estas ser consideradas quer na sua globalidade quer em relação a algum instituto, conjunto de institutos ou normas.

2. Macrocomparação

A **macrocomparação** realiza-se pela comparação entre sistemas jurídicos considerados na sua globalidade.

A macrocomparação também é designada como "sistemologia" ou pela expressão "sistemas jurídicos comparados".

Para este efeito, **sistemas jurídicos** (ou ordens jurídicas) são conjuntos coerentes de normas e de instituições jurídicas que vigoram em relação a um dado espaço e/ou a uma certa comunidade. O critério que na atualidade confere unidade a cada um dos sistemas jurídicos e permite distingui-los é geralmente o da organização política estadual (Estado unitário, Estado federal ou Estado federado), mas pode ainda derivar da subsistência de autonomia jurídica no interior de um mesmo Estado (por exemplo, os direitos inglês e escocês no âmbito do Reino Unido da Grã-Bretanha e da Irlanda do Norte) ou de direitos de comunidades tradicionais no âmbito de Estados soberanos (por exemplo, direitos locais de base consuetudinária em países africanos). Pode ainda ser considerado o conjunto de normas emanadas de uma instituição supraestadual, como é a União Europeia.

Na macrocomparação não se comparam todos os sistemas jurídicos nem todos os elementos dos sistemas jurídicos em comparação. Procede-se a comparações globais através de um método que procura relacionar elementos estruturantes homólogos de dois ou mais sistemas jurídicos.

As tarefas da macrocomparação são:

1ª – a comparação entre ordens jurídicas (= sistemas jurídicos);

2ª – a classificação ou o agrupamento dos sistemas jurídicos em famílias (ou círculos) de direitos;

3ª – a comparação entre famílias de direitos (tarefa para a qual se sugere o termo "megacomparação").

Em sentido lato, a macrocomparação abrange portanto quer a comparação entre ordens jurídicas quer a comparação entre famílias de direitos.

3. Microcomparação

A **microcomparação** consiste na comparação entre institutos jurídicos afins em ordens jurídicas diferentes.

Designamos por **instituto jurídico** um conjunto de normas, princípios, instituições e organizações de natureza jurídica que, numa dada ordem jurídica, possam ser tomados unitariamente sob certa perspetiva ou critério.

Os elementos que lhes conferem unidade podem ser, isolada ou cumulativamente:

- a referência a uma questão social subjacente (por exemplo, a filiação, os danos causados por produtos defeituosos, a exploração florestal, o narcotráfico);
- a afinidade das questões jurídicas e respetivas soluções (por exemplo, a responsabilidade civil delitual, a invalidade dos atos jurídicos, a formação dos contratos, a comparticipação criminosa); ou
- a unidade conceitual ou de construção doutrinária (por exemplo, o negócio jurídico unilateral, os títulos de crédito, o ato administrativo, a constituição económica).

A delimitação dos institutos a comparar é variável, em conformidade com o fim em vista. É legítimo comparar, por exemplo, o instituto "contrato" nos direitos

INTRODUÇÃO AO DIREITO COMPARADO

português e inglês, mas é igualmente legítimo comparar, nestes ou noutros direitos, o contrato de compra e venda ou o contrato de compra e venda de coisas móveis ou apenas o regime da reparação de coisa móvel vendida com defeito.

Não há pois um critério único pelo qual se defina a amplitude dos institutos jurídicos, que podem por isso ter entre si relações de exclusão, de inclusão ou de interseção.

4. Noção analítica de direito comparado

Em consequência deste duplo objeto (macro e microcomparação), o **direito comparado** pode ser definido de modo analítico como a disciplina que tem por objeto estabelecer sistematicamente semelhanças e diferenças entre sistemas jurídicos considerados na sua globalidade (macrocomparação) e entre institutos jurídicos afins em ordens jurídicas diferentes (microcomparação).

Por vezes, também se refere uma "mesocomparação" que seria comparação entre ramos de direito de diferentes ordens jurídicas (direito constitucional comparado, direito penal comparado).

5. Direito comparado e conhecimento de direitos estrangeiros

O direito comparado pressupõe o estudo de, pelo menos, uma ordem jurídica estrangeira (em comparação com o direito nacional), mas não se confunde com o simples conhecimento de direitos estrangeiros, porque dele se distingue pela utilização do **método** comparativo e pela apresentação de conclusões (**síntese comparativa**).

É portanto incorreto denominar como direito comparado a simples justaposição de informações sobre diferentes ordens jurídicas ou sobre o regime jurídico de institutos jurídicos afins em diferentes ordens jurídicas.

Quando muito, será aceitável qualificar ainda como direito comparado a exposição sucessiva de institutos comparáveis pertencentes a diversos ordenamentos, desde que a sua descrição tenha subjacente critérios homogéneos de decomposição. O resultado será algo que se pode designar por **direito comparado** imperfeito, incompleto ou **implícito**, porque, embora esteja salvaguardado o método analítico, se omite a síntese comparativa.

§ 2º BREVE REFERÊNCIA À HISTÓRIA DO DIREITO COMPARADO

6. Precursores

A comparação é uma atitude normal e espontânea que tem estado presente em estudos jurídicos desde a Antiguidade.

Os trabalhos de Aristóteles (comparação das constituições de cidades da antiga Grécia), Dumoulin (comparação de costumes franceses do século XVI) ou

QUESTÕES GERAIS DE DIREITO COMPARADO

Montesquieu (utilização, no seu *Esprit des lois*, da comparação entre instituições políticas de diferentes povos) constituem exemplos de aplicação do método comparativo quando não se falava ainda de direito comparado. A mais impressionante premonição do futuro direito comparado pertence a Leibniz que, em obra publicada em 1667, formulava o projeto de um *theatrum legale mundi* descritivo dos direitos de todos os povos, em todos os tempos e lugares.

Na história do direito português, a "Lei da Boa Razão" (1769) ilustra também uma disposição comparativa ao admitir a aplicação como direito subsidiário das "Leis Politicas, Economicas, Mercantis, e Maritimas" das "Nações Christãs" civilizadas.

7. Institucionalização do direito comparado

Na segunda metade do século XIX, surgem as primeiras associações científicas e revistas de direito comparado, com primazia cronológica para a *Société de législation comparée*, fundada em Paris em 1869, data que marca igualmente o início da publicação do seu Boletim mensal. Na mesma época inicia-se o ensino do direito comparado nas universidades de Madrid (1851), Oxford (1869) e Paris (1890).

O I Congresso internacional de direito comparado, realizado em Paris em 1900, é tradicionalmente indicado como o acontecimento a partir do qual se verifica a institucionalização disciplinar do direito comparado, com saliência para as contribuições científicas de Saleilles e Lambert.

Várias tendências caraterizam este período:

– o predomínio da comparação entre fontes legislativas, que emerge, por exemplo, na designação da cadeira de "Legislação civil comparada", lecionada nas Faculdade de Direito de Coimbra e de Lisboa no âmbito da reforma dos estudos jurídicos de 1911;
– a preferência pela comparação bilateral (direitos francês e alemão ou francês e inglês);
– o credo de alguns comparatistas (por exemplo, J. Kohler) na evolução do direito, que conduziu à aproximação do direito comparado com a antropologia jurídica.

8. Desenvolvimento do direito comparado

Os regimes políticos autoritários dominantes na Europa nos anos 30 do século XX estiveram na origem quer da crise quer do desenvolvimento do direito comparado. Este aparente paradoxo tem fácil explicação: a crise foi gerada pelas ideologias nacionalistas, por natureza adversárias da comparação jurídica; mas para o desenvolvimento desta veio a ser decisivo o papel desempenhado pelos juristas alemães que, por razões políticas ou étnicas, foram compelidos a procurar refúgio noutros países, em especial nos Estados Unidos.

Na verdade, o direito comparado conheceu, a partir da segunda metade do século XX, uma época de difusão e aprofundamento, com destaque para os seguintes aspetos:

- aperfeiçoamento do método, com destaque para os trabalhos de Rheinstein, R. Schlesinger, Constantinesco e Zweigert;
- ampliação do campo da macrocomparação, com a publicação de obras em que se comparam os "grandes sistemas jurídicos" (David, Zweigert);
- esforços de cobertura universal da microcomparação, quer em projetos dirigidos à comparação sistemática dos principais institutos jurídicos (*International Encyclopedia of Comparative Law*) quer em programas restritos a institutos particulares (por exemplo, o estudo coordenado por R. Schlesinger sobre a formação dos contratos).

O direito comparado conhece desde então uma fase em que a proliferação de trabalhos microcomparativos e a multiplicação de cursos universitários coexistem com a quase estagnação do estudo das grandes questões de natureza metodológica e outras que importam à teoria geral do direito comparado.

Em Portugal, o ensino do direito comparado, interrompido durante o Estado Novo, foi retomado após o restabelecimento da democracia. No seu renascimento e modernização metodológica merecem destaque os contributos dos professores João de Castro Mendes, Isabel de Magalhães Collaço (da Universidade de Lisboa) e Fernando José Bronze (da Universidade de Coimbra).

§ 3º FUNÇÕES DO DIREITO COMPARADO

A enunciação das funções do direito comparado tem sido preocupação constante dos comparatistas, empenhados em contrariar a hegemonia das disciplinas jurídicas de matriz nacional. Mas o tratamento do tema vem-se revestindo de tais excessos quantitativos que pode produzir efeito contraproducente, por revelar afinal alguma descrença na eficácia da mensagem.

Limitar-nos-emos por isso à simples enunciação de uma pluralidade de funções ou fins.

9. Funções "utópicas" e funções "realistas"

Alguns comparatistas acreditaram, ou acreditam, que o direito comparado dispõe de virtualidades que ultrapassam a efémera verificação e explicação de semelhanças e diferenças entre sistemas jurídicos, podendo contribuir para a descoberta de tendências universais ou influenciar o devir das instituições. Constituem exemplo de tais funções – apelidadas de **utópicas** pela generalidade dos comparatistas – as seguintes:

- verificação de tendências na evolução dos direitos (Kohler);
- formação de uma ciência jurídica universal (Rabel);
- descoberta de um fundo comum (direito comum da humanidade civilizada – Saleilles; *common core* ou *common ground* – Schlesinger);
- determinação de instituições ideais (Saleilles);
- contribuição para uma melhor compreensão entre as nações (A. Tunc).

Segundo uma perspetiva mais cética, que é também a mais divulgada, o direito comparado só pode aspirar a funções ditas **realistas**. Como sucede com outras ciências, a investigação pode dirigir-se a finalidades utilitárias (relativas aos direitos nacionais, à uniformização e harmonização de direitos, à construção de regras de aplicação subsidiária) ou ter uma função "pura", de natureza cultural, em que está ausente qualquer objetivo pragmático.

10. Funções relativas aos direitos nacionais

I. Os resultados da comparação jurídica são frequentemente postos ao serviço do **direito nacional**, com alguma das seguintes funções:

- melhor **conhecimento** do sistema jurídico e seus institutos, propiciado pela evidência de originalidades ou de caraterísticas afins a outros sistemas;
- **interpretação** de normas jurídicas, *maxime* quando tenham sido inspiradas em estudos comparativos;
- **aplicação** de regras de direito, com destaque para as de direito internacional privado e para aquelas cuja aplicação dependa de reciprocidade ou que deem prevalência ao direito mais favorável;
- **integração** de lacunas quando a liberdade do julgador possa apoiar-se em tendências verificadas noutros direitos (cfr. artigo 1º, nº 2, do Código Civil suíço e artigo 10º, nº 3, do Código Civil português);
- instrumento de **política legislativa** (cfr., por exemplo, estudos de Vaz Serra para o anteprojeto "Das obrigações em geral" do Código Civil português vigente).

Algumas destas funções podem ser também desempenhadas pelo simples recurso a um ou mais direitos estrangeiros. No domínio da política legislativa, esta utilização costuma ser designada como "plágio feliz". As funções próprias do direito comparado só começam quando a criação, compreensão ou aplicação do direito é precedida de confronto conclusivo entre várias ordens jurídicas.

INTRODUÇÃO AO DIREITO COMPARADO

II. O direito comparado é também meio eficaz para o correto conhecimento e a aplicação de **direitos estrangeiros**. Sob esta perspetiva, os juristas que estudaram macrocomparação e dominam os métodos comparativos ficam mais bem preparados para:

- **alegação e prova** de direitos estrangeiros perante tribunais nacionais (principal razão invocada para a sua inclusão nos *curricula* das universidades norte-americanas);
- negociação e interpretação de **contratos internacionais** ou redigidos numa língua estrangeira;
- participação em **reuniões** jurídicas **internacionais** e em litígios dirimidos perante tribunais arbitrais internacionais;
- desenvolvimento de ações de **cooperação jurídica**, em especial as relativas à produção legislativa.

11. Funções relativas à uniformização e harmonização de direitos

I. **Direito uniforme** (em sentido próprio e restrito) significa a existência de normas jurídicas iguais em ordens jurídicas diferentes por efeito de um ato de direito internacional.

Em sentido amplo, o direito uniforme abrange também a chamada uniformização interna em Estados dotados de ordenamentos jurídicos complexos (v. g. *Uniform Commercial Code*, nos Estados Unidos).

A uniformização pode ser de âmbito regional (por exemplo, na União Europeia, através de Tratados e Regulamentos, ou nos Estados nórdicos) ou de vocação universal. Entre as organizações que têm por objeto preparar convenções de amplitude mundial contam-se as seguintes:

- UNIDROIT (Instituto internacional para a unificação do direito privado), fundada em 1926, com sede em Roma;
- UNCITRAL ou CNUDCI (Comissão das Nações Unidas para o direito comercial internacional), criada por resolução da Assembleia Geral de 1966.

O direito uniforme pressupõe estudos de direito comparado (microcomparação) relativos ao instituto cuja unificação se pretende. A partir dos resultados obtidos, os Estados intervenientes procuram soluções de compromisso que eliminem as diferenças verificadas.

O direito comparado mostra-se também útil como elemento de interpretação das convenções de direito uniforme, na medida em que ajuda a compreender a origem e o alcance das concretas soluções adotadas, assim como o modo como são aplicadas em diferentes jurisdições.

II. Objetivos próximos da uniformização são prosseguidos pela simples **harmonização de direitos**, através da qual se eliminam contrastes mantendo algumas diferenças. São instrumentos de harmonização as diretivas da União Europeia e as leis-modelo da CNUDCI. Embora as primeiras se revistam de caráter vinculativo, que não existe nas segundas, têm em comum o espaço de liberdade de que os Estados usufruem quando procedem à sua transposição.

O papel do direito comparado na programação e preparação dos textos de harmonização é semelhante ao que desempenha em relação às convenções de direito uniforme.

12. Funções relativas à construção de regras de aplicação subsidiária

Certos tratados internacionais preveem a aplicação, a título subsidiário, de princípios gerais comuns a diversas ordens jurídicas, que só podem ser detetados pela comparação entre essas ordens jurídicas. Exemplos:

- "princípios gerais de direito reconhecidos pelas nações civilizadas", no artigo 38º, nº 1, alínea c), do Estatuto do Tribunal Internacional de Justiça;
- "princípios gerais comuns aos direitos dos Estados membros" (aplicáveis em matéria de responsabilidade civil extracontratual da Comunidade), no artigo 215º do Tratado de Roma que instituiu a Comunidade Europeia (atual artigo 340º do Tratado sobre o Funcionamento da União Europeia).

13. Funções de cultura jurídica

É porventura a mais importante e certamente a mais nobre das funções do direito comparado.

O direito comparado é **ciência auxiliar** de todas as disciplinas jurídicas. No limite, poderá dizer-se – com Zweigert – que, sem direito comparado, não há verdadeira ciência jurídica. O direito comparado é também ciência auxiliar de outras ciências que têm o direito por objeto (por exemplo, história do direito), em especial daquelas cujo objeto não se circunscreve, por natureza, a um direito nacional (filosofia do direito, sociologia do direito, antropologia jurídica).

Mas o direito comparado é ainda meio de **formação dos juristas** em geral. Uma imagem sugestiva qualifica como "ptolomaica" a conceção do profissional que só conhece a sua própria ordem jurídica e como "coperniciana" a perspetiva do jurista que alargou os seus horizontes através de uma visão comparativa do direito.

Chamando a atenção para que as conceções e soluções do direito nacional não são as únicas concebíveis e nem sempre são as melhores, a formação comparativa contraria as tendências para a autossuficiência e o chauvinismo, o isolacionismo e o provincianismo.

§ 4º O MÉTODO EM DIREITO COMPARADO

14. Razão de ordem

I. No direito comparado, como em qualquer outra disciplina, há uma relação íntima entre o método de investigação e o método do ensino, ambos, por sua vez, determinados pela especificidade do seu objeto comum.

Ora, sob este aspeto, o direito comparado, tendo por objeto a observação comparativa, global ou parcial, de uma pluralidade de ordens jurídicas, diferencia-se da generalidade das disciplinas jurídicas que, constituindo os chamados ramos de direito, se ocupam de parte de um só ordenamento jurídico. Nesta medida, o direito comparado defronta-se com alguns problemas metodológicos e pedagógicos cuja resolução ultrapassa os limites da metodologia e da pedagogia gerais da ciência do direito.

II. A metodologia da comparação jurídica suscita duas ordens de problemas: o que se compara (objeto da comparação) e como se compara (processo de comparação).

O objeto da comparação, já se disse, é formado por sistemas e institutos jurídicos. Pela própria natureza da atividade comparativa, o objeto da comparação é sempre plural: dois ou mais sistemas, dois ou mais institutos. A seleção dos termos da comparação coloca, por isso, para além da escolha ditada pela finalidade da comparação, também o problema da comparabilidade.

14 *bis.* Comparabilidade

I. A comparabilidade desdobra-se em duas questões diferentes: comparabilidade em função do tempo; comparabilidade em função da natureza e conteúdo dos termos potencialmente elegíveis para a comparação.

Sobre a primeira questão, a opção tomada vai no sentido de uma comparação atual e sincrónica, sem prejuízo de integrar a perspetiva histórica como elemento do processo comparativo. A segunda questão dirige-se a circunscrever o âmbito das comparações jurídicas, em ordem a comparar apenas o comparável.

II. Segundo uma ideia muito difundida, para tanto seria necessário que entre *comparatum* e *comparandum* existisse um *tertium comparationis*, "qualquer coisa" de comum, um denominador comum aos objetos comparados que lhes conferisse um grau mínimo de homogeneidade, um traço de união entre os termos em comparação.

Esta formulação é equívoca, pelo que parece aconselhável evitá-la no ensino da metodologia do direito comparado.

Em primeiro lugar, a designação como *comparatum* e *comparandum* dos termos em comparação sugere não só uma dualidade limitativa ou artificial mas também uma inconveniente ordem lógica entre eles, que pode fazer supor que o primeiro é sempre o direito nacional e o segundo um direito estrangeiro.

Em segundo lugar, a expressão *tertium comparationis* sugere ainda que este "termo" é da mesma natureza dos termos em comparação, isto é, um terceiro sistema ou um terceiro instituto jurídico, quando, na verdade, nas diferentes soluções propostas, se trata geralmente de noções e categorias gerais para o efeito aproveitadas ou construídas, de funções e finalidades ou mesmo de categorias sociológicas.

Por último, não é também clara a aplicação do conceito, uma vez que, começando por ser invocado para resolver a questão preliminar da comparabilidade, surge depois transfigurado em "novos *tertia comparationis*" criados a partir da decomposição em elementos de todos os termos intervenientes na comparação. Ora, esta pluralidade – para além de redundar em perturbadora evolução conceptual – só é compreensível enquanto integrante do próprio processo comparativo.

Poder-se-ia talvez evitar a expressão, mantendo embora o seu significado, para dizer que só é possível comparar entidades que tenham entre si uma semelhança mínima ou um mínimo de afinidades. Esta formulação parece todavia demasiado lassa e formal, porque a existência de um qualquer elemento comum pode não ter suficiente relevância ou interesse para desenvolver o esforço de comparação. A comparabilidade deve aferir-se também enquanto funcionalidade, entendida por ora apenas como critério de eficácia (prática ou teórica) da comparação e ainda não como critério definidor da afinidade.

III. Por isso, e pela diferente natureza dos objetos da comparação, o problema da comparabilidade assume contornos bem diferentes conforme esteja em causa a macro ou a microcomparação. Em relação à macrocomparação, a discussão mais acesa privilegiou até há pouco tempo o tema da "comparação de ordens jurídicos integradas em sistemas económicos diferentes" (Bronze), que, na verdade, tinha especialmente em vista as diferenças entre Estados socialistas e capitalistas. Sob este aspeto, tem escasso interesse atual.

Subsiste porém o problema da comparabilidade entre sistemas jurídicos em estádios de desenvolvimento económico muito diferentes, designadamente entre sistemas jurídicos que predominantemente se expressam e sistemas jurídicos que predominantemente não se expressam em linguagens escritas. Como tal não sucede em relação aos sistemas jurídicos selecionados, a questão da comparabilidade fica reservada, neste contexto, para o domínio próprio da microcomparação (nº 16).

15. O método na macrocomparação: constituição de uma grelha comparativa

I. Na comparação entre sistemas jurídicos (macrocomparação), o progresso metodológico decisivo ficou a dever-se a René David, na sua obra *Les grands systèmes de droit contemporains* (1.ª ed., em 1964).

Embora se não tivesse alongado em justificações teóricas, coube-lhe o mérito de ultrapassar anteriores descrições atomísticas e assistemáticas, aplicando com rigor a feliz intuição de expor os "traços essenciais" dos diferentes direitos contemporâneos, segundo critérios tendencialmente homogéneos e paralelos. O objetivo que se propôs foi o de distinguir, em cada ordem jurídica, entre os "elementos variáveis" e os "elementos constantes", sendo estes os que não podem ser arbitrariamente modificados, por exemplo, através de uma simples decisão do legislador.

Tais elementos (constantes ou não-contingentes) ressurgem em Zweigert, sob a denominação de **elementos determinantes** ou fatores marcantes do "estilo" de cada ordem jurídica e de cada "círculo de direitos". O estilo é assumido como critério de classificação dos sistemas jurídicos e de explicação das afinidades verificadas.

Constantinesco criticou vivamente a "teoria do estilo" por ser insuficiente para a explicitação dos critérios que permitem selecionar este ou aquele elemento como definidor do estilo. Na verdade, Zweigert, mantendo a postura quase literária que também inspirou a nomenclatura, limitara-se a referir, como indício da essencialidade dos elementos, o grau de surpresa do comparatista ao tomar contacto com outro sistema jurídico.

Por isso, Constantinesco se esforçou na descoberta de critérios para a diferenciação entre "elementos fungíveis" e "elementos determinantes", atribuindo a estes as seguintes caraterísticas: influência determinante na estrutura da ordem jurídica, aderência, unicidade, insusceptibilidade de substituição, homogeneidade, solidariedade e complementaridade.

Nenhum destes autores foi porém claro quanto à questão de saber se, e em que medida, o elenco dos elementos determinantes deveria influenciar a composição do modelo comparativo. Em qualquer das obras citadas, as propostas apresentadas e a sua discussão aparecem enquadradas no problema do agrupamento e classificação dos sistemas jurídicos em círculos ou famílias de direitos, sem que os resultados obtidos sejam aproveitados na teoria do método, tratada aliás sem distinção entre macro e microcomparação.

II. A ligação entre os dois problemas foi, entre nós, estabelecida por Isabel de Magalhães Collaço. Primeiro, ao indicar a linha metodológica a percorrer na macrocomparação, enunciou o elenco dos "elementos essenciais da grelha comparativa", composta pela "história do sistema", pelos "elementos estruturais" e pelos "elementos ideológicos". Estes dois conjuntos foram ainda subdivididos em várias rubricas. Depois, ao tomar posição sobre o critério "para o agrupamento de sistemas em grupos ou famílias", recuperou os elementos considerados na **grelha ou rede comparativa**, selecionando para o efeito os elementos ideológicos e os elementos estruturais.

Na verdade, quer no processo metodológico quer na utilização dos resultados para a classificação dos sistemas jurídicos, a comparação exige a segmentação das ordens jurídicas de acordo com elementos construídos com um certo grau de generalidade que comporte a virtualidade de servirem como pontos de análise e de comparação entre todos os sistemas sob observação.

Estes são os elementos (comuns, conceituais e portanto abstratos) do **modelo comparativo**, alinhados na parte superior da "moldura" da grelha comparativa, que é formada por um quadro ou tabela de duas entradas composto por dois eixos: o eixo sintagmático integra os elementos selecionados para a comparação; o eixo paradigmático indica as variações desses elementos em cada uma das ordens jurídicas em comparação. Representada graficamente, a grelha comparativa assume o seguinte aspeto:

	e^1	e^2	e^n	O
oA				
oB				
oX				
Rc				

em que

$e^1, e^2, ... e^n$ são os elementos a considerar na comparação;

oA, oB, ... oX   são os objetos a comparar, no caso da macrocomparação as ordens jurídicas A, B, ... X;

O   indica o somatório dos elementos selecionados;

Rc   indica o conjunto das relações comparativas entre elementos e objetos (síntese comparativa).

O processo macrocomparativo consiste em preencher, de modo progressivo e dialético, o "interior" da grelha comparativa, descobrindo, em relação a cada um dos elementos do modelo, quais são os dados relevantes dos sistemas em comparação, considerados um por um. A cada lugar do quadro corresponde um elemento caraterístico de cada ordem jurídica. Estes elementos são diferenciados, existenciais e concretos para cada sistema jurídico.

III. Os modelos comparativos são variáveis, mas não têm de ser casuísticos. Na macrocomparação, a construção de modelos comparativos-tipo está facilitada por duas razões: a relativa semelhança estrutural entre sistemas jurídicos; e a disponibilidade de modelos sugeridos ou postos em prática por alguns grandes comparatistas. A escolha dos elementos determinantes está tanto mais simplificada quanto menor for o número das ordens jurídicas em comparação e maior for o grau de proximidade entre as suas matrizes socioculturais.

O modelo-padrão aqui adotado para a macrocomparação baseia-se no conjunto dos elementos essenciais de uma grelha comparativa desenhada a três dimensões correspondentes a elementos internos (ou estritamente jurídicos), elementos externos ou metajurídicos e elementos históricos. Figurativamente, pode representar-se por três faces visíveis de um "cubo comparativo".

IV. Os mais importantes **elementos internos** (ou estritamente **jurídicos**) a considerar são os seguintes:

- **conceção do direito**, designadamente a sua compreensão predominante como conjunto de regras que definem comportamentos ou como instrumento para a resolução de conflitos;
- **estrutura das regras jurídicas**, em particular quanto ao (tendencial) maior ou menor grau de generalidade;
- estrutura e funcionamento das **instituições constitucionais**, com destaque para as competências, procedimentos relativos à produção legislativa e eventual fiscalização de constitucionalidade;
- **fontes de direito**, entendidas como modos de criação e de revelação de normas jurídicas: elenco, hierarquia, importância relativa no sistema;
- **descoberta do direito aplicável**: métodos de interpretação e de aplicação das normas jurídicas; processos de recolha e de pesquisa da documentação com incidência nas fontes de direito;
- órgãos de aplicação do direito, com relevo para a **organização judiciária**;
- **profissões jurídicas** (ditas superiores): magistraturas e advocacia;
- ensino do direito e **formação dos juristas**.

V. Entre os **elementos externos** ou **metajurídicos** contam-se os seguintes:

- relações entre o sistema jurídico e outros sistemas normativos (**moral, religião**);
- conceção dominante acerca da **posição do indivíduo e dos grupos na sociedade**;
- outros **valores fundamentais** que inspiram a ordem jurídica;
- organização **económico-social**;
- as **culturas** e as **línguas**.

VI. Os critérios de seleção destes elementos merecem algumas explicações e comentários.

Antes de mais, é claro que eles não são todos da mesma natureza e não desempenham papéis idênticos na metodologia comparativa. Na realidade, só os elementos internos são componentes operacionais diretos da comparação, que é sincrónica e incide sobre objetos jurídicos. A função dos elementos metajurídicos e históricos é complementar e mais explicativa do que descritiva. A dimensão jurídica é a face nuclear que sobreleva as outras duas: a evolução histórica confere--lhe profundidade; a envolvente metajurídica relaciona os sistemas jurídicos com os restantes sistemas sociais existentes na mesma comunidade.

Esta perspetiva tridimensional não é partilhada por todos os modelos macro-comparativos. A necessidade de observação diacrónica é geralmente aceite. Inversamente a integração de elementos exteriores ao direito é muitas vezes desatendida.

O elenco dos elementos estruturantes dos sistemas jurídicos varia de autor para autor.

Constante é a inclusão das fontes de direito. A autonomização de tópicos sobre a conceção do direito e a estrutura das regras jurídicas, primeiro, e a descoberta do direito aplicável, depois, foi sugerida pelas obras de René David e de Zweigert e Kötz, respetivamente.

Com diferentes amplitudes, quase todos os comparatistas consideram também a organização judiciária. Alguns aditam a jurisdição constitucional. Incluem-se nesta obra breves referências não só aos órgãos de aplicação do direito como ainda à estrutura e funcionamento das restantes instituições constitucionais. Procura-se assim, porventura de forma incipiente, quebrar a tradição que limita a macrocomparação aos institutos de direito privado.

A temática das profissões jurídicas e da formação dos juristas só em algumas obras é explicitamente reconhecida como elemento relevante para a comparação entre sistemas jurídicos. A sua inserção parece ser de toda a conveniência, enquanto fator de emissão e de receção de influências sobre a estrutura de cada ordem jurídica.

Alguns autores apontam também, como elemento determinante ou caraterístico dos sistemas, o modo jurídico de pensar (*façon de penser juridiquement, mode of legal thinking, legal reasoning, juristische Denkweise*). A inclusão separada deste tópico é discutível. Se se tiverem em vista as mais significativas conceções sobre os grandes problemas da teoria e da filosofia do direito, parecem escassos os limites de um só sistema jurídico, porque as divergências nem sempre impedem que aí coexistam e as convergências atravessam-se por vezes para além dos ordenamentos e até para além das famílias de direitos. Se a intenção for a descoberta do "tipo de pensamento dominante [...] – em particular pelo que concerne ao esquema metodológico da aplicação-realização do direito" (Bronze), o tema aparece certamente no âmbito da análise das fontes de direito, complementada pelos modos e processos de descoberta do direito aplicável.

Determinantes são, para alguns comparatistas, certos institutos jurídicos especialmente distintivos (por exemplo, o *trust* para os direitos de *common law* ou o conceito de obrigação para os direitos de *civil law*). Esta intromissão da micro na macrocomparação, resquício de um passado em que a comparação global assentava no somatório de comparações parcelares, não se justifica. Os contornos de institutos particulares são por demais restritos para que possam isoladamente constituir fatores estruturantes das ordens jurídicas.

VII. Uma última nota: a ideia de elemento caraterístico e determinante deve ser relativizada. Por exemplo, em todos os sistemas que disponham de uma organização judiciária do Estado, esta é um dos seus elementos determinantes. Mas é a conformação concreta da organização judiciária do Estado A ou do Estado B que constitui elemento caraterístico do sistema jurídico do Estado A ou do Estado B. Só na comparação entre estes ou com outros sistemas jurídicos, tal elemento se poderá revelar mais ou menos determinante de um certo "estilo".

No problema metodológico, prevalece a escolha dos elementos determinantes conceituais. Na classificação dos sistemas jurídicos, a atenção concentra-se na afinidade entre elementos determinantes existenciais. Mas só pela sua mútua relação se pode efetuar o recorte de uns e de outros.

16. O método na microcomparação: aproximação funcional e enquadramento jurídico

I. A diversidade e a relativa arbitrariedade dos critérios para a delimitação dos institutos na mesma ordem jurídica criam dificuldades na identificação dos **institutos comparáveis** em ordens jurídicas diferentes. Tais dificuldades são ainda agravadas pela variação, de ordem jurídica para ordem jurídica, das línguas, das nomenclaturas e das técnicas jurídicas.

Pode por isso ser enganadora a procura de afinidade entre institutos jurídicos em sistemas diferentes determinada pela sua simples designação. Certos institutos que num direito são nomeados por uma palavra ou por uma expressão unívocas não têm correspondência ou não são referidos por palavra ou expressão equivalentes em outros direitos. Exemplo da primeira hipótese é o *trust* dos direitos de *common law*; exemplo da segunda é a exceção de incumprimento nos direitos romano-germânicos cujas soluções são próximas das regras de *order of performance*, bem diferentes porém no modo de enunciação.

Sucede também que palavras foneticamente muito parecidas designem institutos jurídicos não coincidentes (v. g. a *agency* do direito inglês não tem o mesmo sentido da agência do direito português; *contrat* é, para o direito francês, um instituto mais restrito do que contrato, para o direito português, que o não circunscreve ao âmbito obrigacional).

II. As opiniões tendem atualmente a convergir quanto ao critério adequado para a comparabilidade na microcomparação: comparação funcional, método funcional, aproximação funcional (*functional approach*) ou (princípio da) funcionalidade.

Este critério de comparabilidade – diz-se – não é abstrato e jurídico, mas concreto, funcional e social. Comparáveis são os institutos jurídicos que, em diversos sistemas e com soluções eventualmente diversas, dão resposta jurídica a necessidades semelhantes, resolvem o mesmo problema da vida, isto é, o mesmo problema social, político, económico ou criminológico.

O caráter funcional-concreto do método comparativo foi acentuado com a variante introduzida por Rudolf Schlesinger sob a designação de *factual approach*. A ideia fundamental consiste em apurar a existência de funções ou "subfunções" sociais comuns em diferentes sistemas jurídicos, a partir de "segmentos da vida" ou "pequenas unidades de discussão", tal como resultam de questionários elaborados com base em "situações de facto". A comparação far-se-á com base nas respostas obtidas, que indicam o modo como cada sistema jurídico "reage" às várias situações de facto constantes dos questionários.

III. Estes critérios permitem solucionar a maior parte das dúvidas de comparabilidade, eliminando as disfunções da simples semelhança semântica e indicando a via para estabelecer, geralmente de modo adequado, a correspondência com institutos específicos de certa ordem jurídica que, enquanto tais, sejam ignorados em outra ordem jurídica. Mas não é plenamente satisfatório.

Em geral, a dimensão social (ou mesmo sociológica) da funcionalidade é necessária mas incompleta. Tratando-se, como também se reconhece, de um problema jurídico, dirigido à comparação entre as formas de resolver semelhantes necessidades jurídicas, a dimensão jurídica não pode estar ausente. Por isso, deve a aproximação funcional incluir um fator de enquadramento jurídico, destinado a servir de complemento aos fatores estritamente sociais e a marcar os limites da comparação. Comparáveis serão apenas os institutos que, desempenhando funções equivalentes, intervenham na resolução de questões jurídicas através de instrumentos jurídicos de natureza semelhante.

Evita-se assim, por exemplo, comparar a adoção num determinado sistema com a perfilhação em outro sistema em que este ato seja usado, em fraude à lei, por não existir o instituto da adoção ou comparar sanções civis com sanções penais aplicáveis a comportamentos semelhantes. Na verdade, verificada a semelhança

INTRODUÇÃO AO DIREITO COMPARADO

funcional em casos como estes, nada, ou quase nada, mais ficaria para estabelecer a comparação jurídica.

Inversamente, a funcionalidade social não é ponto de partida necessário para a microcomparação. Nada impede que o ponto de partida seja jurídico, fazendo, por exemplo, a comparação entre soluções jurídicas semelhantes aplicáveis a situações fácticas diferentes (v. g. os pressupostos da resolução dos contratos ou a indemnização por danos puramente patrimoniais).

IV. O "método factual" merece alguns comentários específicos. Como o próprio Schlesinger explicou, o objeto dos questionários adotados na microcomparação não é integrado por quaisquer factos, mas apenas por factos institucionais. Ora estes caraterizam-se precisamente por não poderem ser descritos nem compreendidos sem as regras que determinam as suas consequências. Na investigação microcomparativa, os "factos" que servem como estímulo para a comparação são na verdade selecionados a partir de casos reais, adaptados e simplificados, ou de casos meramente hipotéticos. Em qualquer das hipóteses, o critério de seleção e o modo de descrição dão origem a um "feixe" de factos que, no seu todo, pressupõe, sob pena de incompletude ou falta de harmonia, a referência, explícita ou implícita, a conjuntos de normas jurídicas ou institutos funcionalmente comparáveis.

Em termos de comparabilidade, não há portanto diferença essencial entre o método normativo-funcional e o método fáctico-funcional, porque o segundo só aparentemente substitui a consideração de normas ou de institutos.

A diferença – e diferença para melhor – reside em que a realização de inquéritos de base fáctica não é apenas um meio dirigido à determinação de institutos comparáveis, mas também um processo de trabalho particularmente adequado à microcomparação. É pena que a sua praticabilidade esteja dependente da formação de grupos constituídos por juristas de diversos países. Os comparatistas isolados ou carecidos de tempo e financiamento suficientes ter-se-ão de contentar com processos mais modestos.

16 *bis*. Modelos microcomparativos

I. O progresso de uma metodologia própria da microcomparação situa-se em nível claramente inferior àquele que foi atingido para a macrocomparação. A mais notória insuficiência revela-se na omissão de ensaios relativos à conceção teórica de modelos comparativos. As teses que se inspiram na existência de elementos determinantes não são aplicáveis neste domínio e não se conhece nenhuma proposta homóloga que possa ser usada na microcomparação. A decomposição dos institutos jurídicos em elementos, para o efeito de proceder à sua comparação, está por enquanto entregue ao casuísmo ou à intuição, quando não ao puro empirismo.

Naturalmente há estudos microcomparativos cuja estrutura "parece" correta e eficaz, assim como há outros (infelizmente muitos outros) em que não se vislumbra qualquer critério coerente. Mas quase todos omitem o modelo adotado. Seria necessário proceder ao levantamento dos que "parecem" melhor elaborados com a finalidade de analisar, ou descobrir, processos e critérios revelados ou implícitos.

Não se crê que um só padrão de modelo comparativo sirva para todas as investigações microcomparativas. Mas é muito provável que se possam construir alguns modelos comparativos-tipo, comuns a institutos com afinidades estruturais (v. g. atos jurídicos, situações jurídicas, estatutos, pretensões, processos, organizações).

Enquanto tais estudos não estejam disponíveis, o recurso à experiência e saber alheios desempenham na microcomparação um papel muito inferior àquele que é possível na macrocomparação.

II. O método geral de construção e estruturação de modelos comparativos aplica-se a qualquer processo comparativo. Transpondo para a microcomparação a ideia gráfica de "grelha comparativa", o eixo sintagmático será formado pelos elementos a considerar na comparação dos institutos selecionados e o eixo paradigmático indicará as variações desses elementos em cada uma das ordens jurídicas contempladas.

Sem prejuízo das dúvidas que possa suscitar a escolha dos direitos a comparar, a maior dificuldade consiste, tal como na macrocomparação, no modo de decomposição comum dos termos a comparar.

Do caráter limitado e eventualmente fragmentário dos institutos jurídicos que formam o objeto próprio da microcomparação devem extrair-se duas consequências.

A primeira acrescenta um dado no modo de proceder microcomparativo. Nenhum instituto jurídico é uma ilha. Se é verdade que toda a análise comparativa inclui um "momento sistemático", exigido pela interferência e influência entre elementos da mesma ordem jurídica, tal necessidade acentua-se na microcomparação.

Para delimitar e compreender, na respetiva ordem jurídica, cada um dos institutos jurídicos em comparação é quase sempre indispensável analisar também outros institutos jurídicos que com eles estão em relação de inclusão (por serem mais amplos) ou de intersecção (por haver coincidência parcial dos seus campos de aplicação). Sucede ainda que a aplicação dos critérios de comparabilidade possa conduzir à análise, total ou parcial, num dado sistema jurídico, de mais do que um instituto, por ser esse conjunto o adequado termo de comparação com um só instituto em outro sistema jurídico.

INTRODUÇÃO AO DIREITO COMPARADO

Este "caminho crítico" ou "enquadramento sistemático" (Magalhães Collaço), no sentido do geral para o particular, do mais complexo para o mais simples ou inversamente do mais simples para o mais complexo, é em si mesmo revelador de semelhanças e de diferenças entre os institutos dos sistemas jurídicos em comparação. Deve portanto ser também objeto de comparação, através do que se pode designar por "itinerário comparativo".

A segunda consequência confirma as particularidades do método microcomparativo: a relativa a-sistematicidade dos institutos jurídicos torna, em princípio, inviável o recurso à sua divisão estrutural em elementos determinantes.

Não está porém vedado recolher da "grelha comparativa" aplicável à macrocomparação algumas sugestões, em especial, a conceção de um modelo a três dimensões formado por elementos históricos, elementos externos e elementos internos. Com uma importante diferença: por efeito da especial importância que na microcomparação assume a integração sistemática dos institutos a comparar, a decomposição em elementos há de referir-se não só ao objeto específico da comparação como aos institutos que lhe são adjacentes em cada ordem jurídica.

III. Como resultado destas observações, o elenco dos elementos integrantes de uma "grelha microcomparativa" apresentar-se-á conforme o seguinte modelo-padrão:

1) elementos históricos, que podem, segundo as circunstâncias, referir-se, de forma cumulativa ou alternativa, tanto aos específicos institutos em comparação como àqueles que se encontrem no seu itinerário sistemático;
2) elementos externos, incluindo os elementos de natureza metajurídica (sociais, económicos, culturais ou religiosos) que no caso se mostrem indispensáveis para compreensão do conjunto de institutos em comparação;
3) elementos internos, que se subdividem em dois grupos – elementos caraterísticos dos institutos integrados no "itinerário comparativo" e elementos caraterísticos dos institutos que constituem o núcleo central da comparação.

17. Processo comparativo: cânones metodológicos comuns à macro e à microcomparação

I. Generalizando o faseamento proposto por Constantinesco para o método macrocomparativo, podem destacar-se três **fases ou momentos lógicos** comuns a qualquer estudo de direito comparado:

1º – conhecimento (fase analítica);
2º – compreensão (fase integrativa);
3º – comparação (síntese comparativa).

QUESTÕES GERAIS DE DIREITO COMPARADO

A este modelo (divulgado sob a designação de "método dos três C's") não corresponde necessariamente igual encadeamento cronológico, porque cada uma das fases se relaciona com as outras em termos dialéticos, sendo por vezes útil ou necessário retornar a uma fase anterior para rever, reformular e alterar resultados provisórios em consequência da investigação nas fases seguintes.

II. **Conhecimento (fase analítica)** – Os sistemas e institutos jurídicos a comparar devem ser decompostos num certo número de aspetos ou **elementos relevantes**. Para a macrocomparação, o seu elenco foi já objeto de pormenorizadas sugestões. Na microcomparação, ainda não foi (nem é certo que possa ser) encontrado um modelo comum aos diversos institutos comparáveis, mas o comparatista deve, em relação a qualquer tarefa microcomparativa, adotar um e revelá-lo quando proceder à exposição dos resultados obtidos.

Cada um desses parâmetros deverá ser analisado separadamente em relação a cada uma das ordens jurídicas selecionadas, de modo a preencher uma "grelha comparativa".

Os primeiros resultados devem ser encarados como provisórios, porque destinados a sucessivas revisões determinadas pelas fases seguintes. A provisoriedade atinge inclusivamente o parcelamento dos elementos relevantes, porque só o progresso na comparação permite avaliar a sua adequação. Sendo normal que o ensaio inicial se baseie em critérios e na nomenclatura da ordem jurídica que o comparatista melhor conhece, não será raro, especialmente na microcomparação, que a grelha definitiva derive de recomposição dos parâmetros e da terminologia sugeridos pelo resultado final da comparação.

A observação analítica de cada um dos **termos** (isto é, de cada um dos elementos nas diferentes ordens jurídicas) obedece a um conjunto de **cânones** ou regras.

1ª regra – Utilizar as **fontes originárias**.

Esta exigência prejudica a utilização exclusiva de obras de direito comparado ou escritas por autores estrangeiros em relação ao sistema jurídico em estudo. As fontes secundárias da ordem jurídica em análise não devem geralmente ultrapassar a sua função própria de meios auxiliares de pesquisa.

Dificilmente o comparatista isolado poderá trabalhar sem o domínio da língua em que as fontes primárias são produzidas. O recurso a traduções, além de muito limitativo, deve ser feito com as maiores cautelas, mas é tolerado quando os textos originais não sejam acessíveis ou o comparatista não domine a respetiva língua.

2ª regra – Tomar em conta o sistema de fontes em toda a sua **complexidade**.

Raramente será admissível extrair a caraterização de uma instituição jurídica a partir de uma só fonte. Para os direitos romano-germânicos, além da relação entre disposições legais aplicáveis, ter-se-á geralmente de atender também à jurisprudência e à doutrina. Para as ordens jurídicas de *common law*, o regime jurídico revela-se em regra através de uma teia de casos, envolvendo ou não enunciados legais, que o jurista formado como *civil lawyer* só compreenderá com a ajuda de fontes secundárias.

3ª regra – Usar o **método próprio** da respetiva ordem jurídica.

O comparatista tem de prescindir dos métodos da sua própria ordem jurídica quando trabalha sobre dados relativos a outra ordem jurídica. Seria erro crasso, por exemplo, que o comparatista formado num direito de *civil law* se arriscasse a interpretar por si textos legais produzidos num sistema de *common law*. Mas semelhante humildade o deve acompanhar também no estudo de qualquer direito que não seja o seu, por melhor que julgue conhecê-lo. Salvo raras exceções, não há "plurilinguismo" jurídico. A descoberta do direito em dada ordem jurídica pertence aos juristas que nela se formaram e que o aplicam. Pela sua palavra se deve guiar o comparatista.

4ª regra – Procurar conhecer o "**direito vivo**".

Este cânone dirige-se não só à descoberta da regra jurídica efetivamente vigente como também à busca do modo como é compreendida e aplicada no seu contexto social.

III. **Compreensão (fase integrativa)** – Os elementos a considerar na macrocomparação e nos institutos jurídicos que são objeto da microcomparação estão sempre enquadrados por elementos e institutos mais amplos ou que com eles de algum modo interferem.

Na macrocomparação, essas relações estabelecem-se reciprocamente entre todos os elementos da grelha comparativa. Por exemplo, o papel da jurisprudência num dado sistema jurídico mal se percebe sem o conhecimento da organização judiciária e do sistema de recursos, mas a inversa também é verdadeira.

Por isso, começando a análise por este ou por aquele elemento, o trabalho não fica completo sem a eles regressar seja para os atender no esclarecimento de outros seja para melhor compreender os primeiros à luz da compreensão dos últimos.

Relações semelhantes se verificam no plano microcomparativo. Por exemplo, o regime jurídico dos efeitos do incumprimento dos contratos, no direito inglês, não resulta claro sem o conhecimento do instituto da *restitution*; a transferência do risco, no direito alemão, só se compreende em função da eficácia meramente obrigacional da compra e venda no mesmo direito.

Além disso, o conhecimento de institutos jurídicos estrangeiros para efeitos microcomparativos pressupõe habilitação específica na utilização de fontes e compreensão dos métodos de direitos estrangeiros. Ora tais dados só são corretamente assimilados através da macrocomparação.

Não há portanto trabalho sério de microcomparação sem uma prévia e adequada preparação ao nível macrocomparativo.

Assim, após os primeiros resultados da decomposição analítica dos sistemas ou dos institutos jurídicos, ou até em momento prévio se tal seja possível, é indispensável percorrer o caminho crítico que conduz à **integração sistemática** dos elementos estruturantes ou distintivos no conjunto a que se referem.

Finalmente, a visão global da ordem jurídica e a integração das suas instituições não se compadece com uma atitude exclusivamente sincrónica e limitada aos dados do sistema jurídico. Tanto na macro como na microcomparação, a consideração de **elementos histórico-jurídicos** e de **elementos metajurídicos** (de outros sistemas sociais) é assim indispensável para a sua plena compreensão.

IV. **Comparação (síntese comparativa)** – As duas fases anteriores fornecem os termos a comparar, já devidamente assimilados e decompostos em elementos relevantes para a comparação propriamente dita.

A tarefa seguinte consiste em apurar **semelhanças e diferenças** entre eles. Sem este trabalho de síntese, que constitui objetivo e guia das fases analítica e integrativa, o processo fica incompleto ou imperfeito e não há verdadeira comparação.

Os resultados obtidos devem ser, por último, objeto de reelaboração com vista à realização das mais nobres funções do comparatista:

– ensaio de **explicação** das semelhanças e diferenças encontradas;
– **exposição**, de preferência em texto escrito, do conjunto de dados apurados e respetivas conclusões.

Se todos estão de acordo que a comparação consiste em apurar semelhanças e diferenças, não se pode ignorar que a evolução do direito comparado vem revelando duas tendências que se distinguem entre si conforme se acentua mais um ou outro dos resultados possíveis da comparação. Simplificando, dir-se-ia, com Gino Gorla, que há um "direito comparado das concordâncias" e um "direito comparado das diferenças".

INTRODUÇÃO AO DIREITO COMPARADO

O ponto de equilíbrio foi encontrado por Langrod (in Zweigert/Puttfarken). O comparatista procura primeiro a diversidade sob uma mesma aparência, a dissemelhança na semelhança superficial. Mas, uma vez analisadas as dissemelhanças, estabelece as probabilidades de convergência. O comparatista deve evitar a atração ingénua para a identidade e a assimilação precipitada. Mas, ao mesmo tempo, não deve exagerar as diferenças inicialmente verificadas.

17 *bis.* Tradução e linguagem comparativa

I. O problema da tradução de textos jurídicos surge sempre que, com ou sem comparação, um texto jurídico expresso numa língua seja transposto para outra língua. Não é específico do direito comparado, mas adquire nesta disciplina particular relevo e agudeza, porquanto em todas as fases da comparação é necessário proceder a traduções.

As dificuldades acrescidas da tradução jurídica derivam da natureza conotada das linguagens jurídicas, isto é, da circunstância de estas se formarem a partir de significados de outros sistemas de linguagem (*maxime*, a linguagem comum), transfigurando-os de acordo com as regras semânticas do seu próprio sistema.

Em consequência, a tradução de um texto jurídico expresso na linguagem jurídica L1' para a linguagem jurídica L2' exige geralmente a intermediação dos sentidos denotados correspondentes nas línguas naturais L1 e L2.

A tradução jurídica envolve portanto, no mínimo, quatro sistemas de linguagem, cada um dos quais com a sua sintaxe específica e o seu próprio plano de significantes e de significados. O número das relações possíveis aumenta ainda por efeito da polissemia, cuja frequência é especialmente elevada nas linguagens jurídicas.

Circunscrevendo a questão ao aspeto lexical, toda a tradução procura, a partir de significantes diferentes, descobrir significados iguais, isto é, sinónimos em línguas diferentes. A tradução jurídica parte dos significantes e respetivos significados numa dada linguagem jurídica para a descoberta de significantes que, em outra linguagem jurídica, tenham significados idênticos ou próximos.

Dada a complexidade das relações semânticas, a sinonímia pura, sendo pouco frequente mesmo dentro da mesma língua, raramente se encontra quando os termos da relação sejam significados de linguagens conotadas construídas sobre línguas diferentes. Mas é possível, especialmente quando institutos em sistemas jurídicos diferentes se formaram a partir de um tronco comum (v. g. *negozio giuridico* = negócio jurídico, ambos = *Rechtsgeschäft*), tendo em conta que a sinonímia não implica igualdade de regime.

Na maioria dos casos, a tradução jurídica terá de satisfazer-se com significações equivalentes ou de parassinonímia, em que é possível substituir, apenas em certos contextos, termos de linguagens jurídicas diferentes. A equivalência

34

QUESTÕES GERAIS DE DIREITO COMPARADO

funcional e sistémica é condição necessária, mas não é condição suficiente, porque, mais do que simples comparabilidade, se exige que os significados, embora não coincidentes, apresentem entre si uma razoável semelhança. Por exemplo, *Vertrag* e *contrat* podem ser legitimamente traduzidos, em contexto adequado, por "contrato", apesar de *Vertrag* significar também "tratado" e *contrat* significar apenas "contrato obrigacional".

A equivalência linguística, entendida como semelhança gráfica, fonética e eventualmente etimológica entre palavras em línguas naturais diferentes, não só não é necessária como pode ser fonte de equívocos. A homonímia (semelhança de significantes sem correspondente semelhança de significados) é um dos riscos de qualquer tradução (v. g. *agency* não significa "agência", nos contextos mais frequentes).

Certas palavras ou expressões de uma dada linguagem jurídica são intraduzíveis, porque não têm significantes equivalentes em outra linguagem jurídica, embora possam ser traduzidas de uma para outra das línguas naturais correspondentes. Neste nível, *trust* significa "confiança" e *equity* significa "equidade", mas estas equivalências não valem entre as linguagens jurídicas inglesa e portuguesa.

A solução mais simples e atraente (mas nem sempre a mais conveniente) consiste em renunciar à tradução, mantendo no texto escrito ou oral o termo na linguagem original. Mas há, para certos casos, soluções alternativas: referir o termo original, explicando o sentido literal e a sua origem (por exemplo, em relação a nomes de tribunais, como *Queen's Bench Division* ou *Cour d'assises*); criar neologismos jurídicos (termos inexistentes no sistema jurídico em que o tradutor se exprime), desde que não possam gerar equívoco (por exemplo, traduzindo *Act of Parliament* por "Acto do Parlamento"); ou mesmo procurar uma palavra de sentido próximo, advertindo sobre a diferença de significados (por exemplo, traduzindo *remedies* por pretensões).

II. Na síntese comparativa, a unidade do discurso implica a expressão numa só língua-base escolhida pelo expositor, mas representa a transposição para essa língua de componentes lógico-linguísticos de duas origens e naturezas: 1) os dados extraídos de cada sistema jurídico, que terão de ser traduzidos, na medida do possível e do necessário, da linguagem originária para a linguagem do texto comparativo; 2) as relações comparativas, que se exprimem em linguagem comparativa, metalinguagem que tem como linguagens-objeto as linguagens dos objetos em comparação (Wróblewski).

A separação entre estes componentes não é absoluta, porque a expressão linguística das relações comparativas supõe a referência aos termos da comparação, o que exige o emprego direto das linguagens-objeto, de forma originária ou em tradução.

A linguagem comparativa é um sistema de comunicação constituído pelo vocabulário e pela sintaxe especiais que o processo de comparação exige. A "linguagem jurídica universal" ou um equivalente jurídico do esperanto não são tarefas realizáveis. Como não existe sequer um "dicionário jurídico internacional", ou um *thesaurus* comum mínimo", e a linguagem comparativa não deriva de qualquer específica língua natural, os textos comparativos podem ser expressos em qualquer língua, na qual se traduzem não só os termos dos direitos objeto de comparação como os conceitos criados ou adotados em cada modelo comparativo.

III. Relacionada com a linguagem comparativa está a linguagem jurídica uniforme, compreendendo como tal a linguagem usada em convenções de direito uniforme, em textos da *lex mercatoria* e em alguns atos de direito europeu.

Nestes textos, a estrutura geral e o léxico devem estar desprendidos de linguagens nacionais. Embora se exprimam em uma ou mais línguas naturais, o estilo e o vocabulário não podem evitar a influência das respetivas linguagens jurídicas nacionais. Por vezes, inventam-se palavras específicas (o exemplo mais impressionante é o dos *incoterms*). Outras vezes, o significante, importado das línguas naturais ou de linguagens jurídicas nacionais, assume significação autónoma (por exemplo, "incumprimento fundamental" e "conformidade", na Convenção de Viena de 1980 sobre a compra e venda internacional de mercadorias, artigos 25º e 35º). Mas a intenção é sempre o uso de uma linguagem jurídica neutra, com termos e conceitos diferentes dos das linguagens jurídicas nacionais.

Esta linguagem, parcialmente tributária do direito comparado, serve também os desígnios da exposição comparativa. Sob este aspeto, no âmbito dos contratos, não se devem ignorar as contribuições oriundas dos Princípios Unidroit e dos Princípios Europeus de Direito dos Contratos. Expressões em língua inglesa, mas estranhas à comum terminologia do direito inglês (como *compensation*, em vez de *set-off*), podem ser aproveitadas, pelo sentido que invocam, para designar institutos jurídicos em linguagem comparativa, quando a exposição comparativa se faça em inglês.

18. Seleção das ordens jurídicas a comparar

Não há uma receita única para resolver a questão de saber quantas e quais são as ordens jurídicas a selecionar em cada tarefa comparativa. Tudo depende da sua finalidade concreta.

Assim, quando esteja em causa a qualificação ou outra questão de direito internacional privado, a comparação deve restringir-se às ordens jurídicas que estejam em contacto com a situação controvertida.

Quando o objetivo seja a argumentação para interpretação, sistematização ou integração de regras de direito nacional, apelar-se-á geralmente a sistemas jurídicos afins, designadamente àqueles que maior influência tenham exercido na construção do instituto jurídico em discussão. Mas pode ser conveniente envolver também ordens jurídicas mais distantes, seja para estabelecer contrastes seja para demonstrar o largo espetro de uma norma ou princípio.

Na preparação de reformas legislativas, a atenção deverá concentrar-se nos direitos mais próximos pela semelhança da estrutura jurídica ou social. Mas pode ser igualmente útil inserir entre os termos da comparação soluções atrativas pela inovação ou pela eficácia, ainda que pertencentes a direitos tipologicamente mais remotos.

Nos trabalhos preliminares de normas de direito da União Europeia, o âmbito da comparação é naturalmente o dos Estados membros. Correspondente precisão de contornos é imposta nos estudos comparativos para convenções internacionais destinadas a vigorar num círculo restrito de países.

Na preparação de convenções internacionais de vocação universal, não sendo viável a seleção de todas as ordens jurídicas do mundo, dar-se-á preferência às mais relevantes por serem «cabeças de estirpe» de famílias de direitos ou por força da importância político-económica dos países onde vigoram. Ordens jurídicas de «pequenos países», como a Suíça ou a Holanda, podem igualmente ser consideradas em função do seu prestígio, tradição ou adequação a situações novas.

Por fim, na «ciência pura» ou com fins pedagógicos, a escolha tende a coincidir também, tanto na macro como na microcomparação, com as «cabeças de estirpe» de famílias de direitos, com as limitações decorrentes dos conhecimentos jurídicos e linguísticos do comparatista ou equipa de comparatistas. O direito nacional em que o comparatista se formou também será geralmente incluído entre as ordens jurídicas a comparar.

§ 5º NATUREZA E AUTONOMIA DO DIREITO COMPARADO

19. Teses em confronto e orientação adotada

I. Para alguns juristas (geralmente para aqueles que não se dedicam à comparação jurídica, mas também para um número restrito de comparatistas), o direito comparado é apenas um **método**, porque não tem objeto próprio e definido.

Esta posição constitui uma extrapolação inadequada de critérios de disciplinas que correspondem aos chamados ramos de direito. Na verdade, o direito comparado, para além de usar um método específico (o método comparativo), tem também um objeto próprio que é constituído precisamente por uma pluralidade de ordens jurídicas.

INTRODUÇÃO AO DIREITO COMPARADO

II. Para outros, o direito comparado é uma **ciência autónoma** cujo objeto exclusivo é a comparação entre ordens jurídicas (**macrocomparação**). A microcomparação não se incluiria na ciência do direito comparado por ausência de objeto específico.

Esta limitação parece excessiva, porque a comparação entre institutos jurídicos incide também sobre uma pluralidade de ordens jurídicas, ainda que consideradas parcelarmente.

III. Nas páginas anteriores foi possível verificar que o direito comparado:

– dispõe de um objeto (a pluralidade de ordens jurídicas) diferente do objeto das demais disciplinas que estudam o direito e que
– tem um método específico (o método comparativo).

Por isso, concluímos que o direito comparado é uma **ciência autónoma**, que se subdivide em dois ramos ou vertentes complementares – a **macrocomparação** e a **microcomparação**.

§ 6º AGRUPAMENTO DOS SISTEMAS JURÍDICOS EM FAMÍLIAS DE DIREITOS

20. Critérios de classificação

I. A classificação dos sistemas jurídicos em famílias de direitos (ou círculos, como prefere Zweigert) sempre interessou a generalidade dos comparatistas. Para além de satisfazer objetivos do direito comparado como ciência pura, esta classificação serve finalidades práticas relacionadas com a seleção das ordens jurídicas a comparar, porque permite reduzir o número das ordens jurídicas que são observadas em cada tarefa comparativa. Em relação às grandes linhas de um sistema jurídico, é mesmo lícito correr-se o risco de presumir que as caraterísticas próprias de uma família de direitos se verificam também numa ordem jurídica integrada nessa mesma família.

Os mais diferentes critérios de agrupamento têm sido propostos.

II. **Critérios simples** são os que utilizam um só elemento como base da classificação.

Os critérios simples podem ser genéticos ou tipológicos. Exemplos de critérios **genéticos**: a raça, a influência do direito romano ou de um certo modelo de codificação. São critérios baseados em preconceitos ou de limitada aplicação. Pode dizer-se que estão abandonados.

Tipológicos são critérios como o da civilização e o da ideologia (capitalista ou socialista, que foi usado por juristas de sistemas jurídicos de inspiração leninista). A sua aplicabilidade está dependente da aceitação da dicotomia que os suporta (civilizado-primitivo; capitalista-socialista).

Critérios complexos são os que recorrem a mais do que um elemento como base de classificação.

Os critérios complexos podem ser de natureza cumulativa ou estrutural. **Cumulativo** foi, por exemplo, o critério que, em certa fase do seu trabalho, propôs René David (a ideologia combinada com a técnica). **Estruturais** são os critérios que assentam na semelhança entre elementos caraterísticos das ordens jurídicas (concebidas como sistemas ou estruturas). Entre estes, contam-se o critério dos **elementos determinantes** e o critério do **estilo** já referidos (n.º 15-I).

III. A relevância da classificação dos ordenamentos jurídicos tem sido relativizada. A integração em famílias serviria essencialmente para efeitos pedagógicos, fornecendo uma panorâmica da diversidade de sistemas jurídicos (Bogdan).

Algumas classificações têm sido criticadas pelo caráter eurocêntrico (Gambaro/Sacco) dos conceitos e das técnicas que utilizam para dividir o mundo em famílias de direitos.

Tendências recentes apontam para critérios baseados na fonte das normas que afetam o comportamento dos indivíduos – política, direito e religião ou tradição filosófica (Mattei).

São igualmente salientadas as dificuldades e os limites das classificações, pela impossibilidade de abranger todos os sistemas jurídicos e todas as áreas do Direito (Pinto Duarte).

IV. **Critério adotado**. A classificação das ordens jurídicas consiste no seu agrupamento em famílias de ordens jurídicas cujas semelhanças sejam mais relevantes do que as diferenças verificadas. É uma tarefa que está na sequência e na dependência do método usado na macrocomparação em geral.

O critério de classificação deve ser pois o mesmo que é usado no método macrocomparativo, isto é, um critério complexo que integre os elementos componentes da **grelha comparativa** adequada à comparação das ordens jurídicas a considerar.

21. As grandes famílias jurídicas contemporâneas

A aplicabilidade efetiva e rigorosa do critério proposto pressupõe o conhecimento de um grande número de ordens jurídicas dotadas de caraterísticas muito diversificadas.

INTRODUÇÃO AO DIREITO COMPARADO

Na prática, esse conhecimento pelos comparatistas (mesmo quando participem em obras coletivas) é de grau variado, com prevalência dos sistemas jurídicos mais próximos do autor ou autores, sendo tal proximidade medida em termos culturais e até geográficos.

Em consequência é imperioso tomar uma atitude relativista e humilde em face do escasso conhecimento em relação a ordens jurídicas mais "longínquas" (em especial as asiáticas e africanas).

Na verdade, o critério complexo de classificação adotado só pode ser aplicado, com realismo e rigor, aos direitos europeus e àqueles que mais profundamente receberam a sua influência.

O resultado que normalmente se obtém é o seguinte:

Dentro dos direitos de raiz europeia, distinguem-se duas famílias: a **família romano-germânica** (que Zweigert subdividiu em três círculos – romanístico, germanístico e nórdico) e a **família de *common law*. A autonomização de uma família de direitos socialistas europeus deixou de se justificar com a queda do chamado "bloco de leste". A sua tão abrupta "extinção" suscita aliás a legítima dúvida sobre se, em algum tempo, houve razão para ser separada da família romano-germânica.

Para além deste espaço cultural, os autores referem-se frequentemente às famílias de direitos islâmica, hindu, africana e do Extremo-oriente. É evidente que uma tal classificação não obedece a critério uniforme.

22. Sistemas jurídicos híbridos

Dizem-se **sistemas jurídicos híbridos** aqueles que não são suscetíveis de integração numa dada família de direitos, em virtude de os seus elementos determinantes corresponderem a elementos caraterísticos de mais do que uma.

Exemplos:

- sistema jurídico **escocês**: por força da receção do direito romano, guarda caraterísticas comuns aos direitos romano-germânicos, revelando outras (hoje porventura predominantes) que lhe advieram da união política com a Inglaterra e que são próprias dos sistemas de *common law*;
- sistemas jurídicos da **Louisiana** (Estados Unidos) e do **Québec** (Canadá): em razão de anterior colonização francesa, adotaram codificação do tipo romano-germânico, mas vêm sofrendo dos direitos dos restantes Estados federados (que pertencem à família de direitos de *common law*) influências várias, designadamente quanto ao valor do precedente jurisprudencial;
- sistema jurídico da **República da África do Sul**: para além da coexistência das comunidades africanas com as de origem europeia, o direito implantado por estas tem dupla matriz – romano-holandês (direito romano tal como

vigorava na Holanda no século XVII) e *common law* (importado pelos colonos de cultura inglesa).

– sistemas jurídicos em que se combinam elementos de origem islâmica com outros que refletem a influência europeia (ver nº 124-II).

23. Sistemas jurídicos selecionados para a comparação: justificação da escolha e método de exposição

I. Nas duas primeiras edições deste manual, todos os sistemas jurídicos selecionados pertenciam a famílias de direitos de raiz europeia.

Na família romano-germânica, a seleção recai nos direitos francês e alemão, por serem considerados "cabeças de estirpe" (mesmo para quem entende que as diferenças não justificam a separação de famílias), influentes sobre vários outros direitos, e no direito português, por ser o direito em que se formaram tanto os autores como a generalidade dos destinatários do texto.

Na família de *common law*, a comparação faz-se entre o direito inglês, génese de todos os da mesma família, e o direito dos Estados Unidos da América, pela especial importância de que atualmente disfrutam o país e o seu direito.

Nesta edição, ousa-se acrescentar o estudo da família de direitos islâmica, com as limitações adiante assinaladas (nº 118). Maior ampliação exigiria conhecimentos de que os autores não dispõem.

II. A aplicação rigorosa do método adotado implicaria a exposição sucessiva e ordenada dos elementos históricos, externos e internos de cada um dos sistemas jurídicos, concluindo com uma síntese comparativa.

Na realidade, em relação aos direitos de raiz europeia, será muito restrita a referência a elementos externos ou metajurídicos, porque as diferenças não são significativas ao nível de generalidade em que o seu estudo se coloca. Pelo contrário, o fator religioso assumirá especial relevo na descrição dos direitos islâmicos e na sua comparação com os "direitos cristãos".

Na análise dos elementos internos, a formação pessoal de quem escreve refletir-se-á na preferência, sem exclusividade, por aqueles que respeitam ao direito privado (como aliás sucede com a maioria dos comparatistas).

Por último, a ordem da exposição não poderá obedecer a um paralelismo perfeito, porque, como adiante melhor se explicará (nº 59), ela é também função das caraterísticas próprias de cada uma das famílias de direitos.

Capítulo II
Sistemas jurídicos romano-germânicos

Secção I
Comparação dos direitos português, francês e alemão

§ 7º FATORES HISTÓRICOS COMUNS

24. Razão de ordem

A evolução histórica dos direitos da família romano-germânica, a que a seguir se procede, está marcada pela sua finalidade específica (macrocomparação) e pelas limitações decorrentes de uma obra introdutória.

Em consequência, a exposição, além de breve, denota algumas preocupações metodológicas:

- perspetiva comparativa;
- seleção de alguns "momentos" ou períodos considerados como especialmente determinantes das caraterísticas em que assenta a unidade desta família de direitos;
- concentração privilegiada da análise naqueles mesmos direitos sobre que recairá a comparação sincrónica (português, francês e alemão).

25. O direito dos povos germânicos

I. Durante a Alta Idade Média, no território correspondente ao antigo Império Romano do Ocidente, formaram-se vários reinos de origem germânica. No mesmo espaço, coexistiam populações que continuavam a regular-se pelo direito romano

INTRODUÇÃO AO DIREITO COMPARADO

com outras (as dos invasores) que aplicavam preferencialmente costumes germânicos. Alguns destes costumes foram objeto de compilação escrita (v. g. Lei Sálica). Em obras legislativas, como o Código de Eurico, o Breviário de Alarico (ou *Lex Romana Visigothorum*) e o Código Visigótico, verifica-se a mistura de elementos de direito romano com outros de origem visigótica.

A sobrevivência fragmentária do direito romano e o poder legislativo da Igreja (entre outros fatores) comprimiram, mas não eliminaram, a vigência daquelas fontes de raiz germânica. A sua persistência foi polimórfica e teve intensidades variáveis. A "memória" dos costumes germânicos manteve-se com especial vigor no norte de França.

II. O termo "germânico", na expressão que designa este conjunto de ordens jurídicas, constitui um indicador da influência comum, embora remota, dos direitos germânicos da Idade Média.

Mas talvez não seja esta afinal a razão decisiva para que aquele termo integre (em segundo lugar, aliás) o nome desta extensa família de direitos. Mais importante para a justaposição dos dois vocábulos (romano e germânico) parece ser a intenção de acentuar a similitude estrutural entre os direitos dos países de língua e cultura romana e os direitos dos países de língua e cultura germânica.

Por isso, a referência explícita a esta influência comum nos modernos direitos da Europa continental desaparece quando aquela similitude estrutural se contesta. É o que sucede com a designação de "círculo romanístico", apesar de se reconhecer que a marca dos costumes germânicos nos países latinos não foi menor do que a exercida sobre os países germânicos.

26. A receção do direito romano

I. É este o elemento histórico habitualmente considerado como decisivo para a unidade da família de direitos romano-germânicos.

A receção do direito romano consistiu no estudo e na aplicação do direito romano tal como constava da compilação elaborada por iniciativa do Imperador Justiniano (século VI d. C.) que, mais tarde, ficou conhecida por *Corpus Juris Civilis*. O conjunto era formado por quatro partes – Digesto (ou Pandectas), Institutas, Código e Novelas. O seu estudo fez-se, desde finais do século XI, em diversas universidades europeias (a primeira das quais foi a de Bolonha), dando origem a glosas e comentários, cuja autoridade se chegou a sobrepor à dos textos romanos originais.

II. A receção do direito romano não foi uniforme nem contemporânea nos diferentes países europeus. Sendo direito subsidiário, a extensão e intensidade da sua aplicação estava dependente da vigência de outras fontes.

Em Portugal, a unidade política, o exercício pelo rei do poder legislativo e a "codificação" empreendida através das Ordenações, a partir do século XV, deixaram para as *leges imperiales* um papel que, apesar de ser importante, foi inferior ao que se verificou em espaços onde era menor a densidade de outras fontes.

Em França, coexistiram durante o *ancien régime* dois sistemas jurídicos:

- – a sul, o *pays du droit écrit*, onde à vigência do direito visigodo romanizado sucedeu, com a receção, o predomínio do direito romano justinianeu;
- – a norte, o *pays des coutumes*, onde a principal fonte de direito continuou a ser formada por costumes de origem germânica, que a partir do século XV foram objeto de compilações escritas.

Na Alemanha, a receção deu-se mais tarde (século XV), mas foi mais extensa e intensa. Os principais fatores que para tal contribuíram foram: a ausência de um poder central, com a consequente pulverização política, normativa e judiciária; e a ideia de que a vigência do direito romano se justificava pela (pretensa) continuidade do Império Romano no Sacro Império Romano-Germânico.

Por isso, se tem escrito que, na Alemanha, a receção do direito romano se fez *ratione Imperii* (em razão do Império), enquanto em outros países foi determinada *imperio ratione* (por força da razão).

27. A Revolução Francesa, o liberalismo e a codificação

I. Tanto ou mais do que a receção do direito romano, a Revolução Francesa é um facto histórico decisivo para os elementos internos convergentes das ordens jurídicas integrados nesta família de direitos.

No chamado "período intermédio", que decorreu desde a "Declaração dos Direitos do Homem e do Cidadão" (1789) até à promulgação do *Code Civil* (1804), verificaram-se profundas alterações no direito francês, a maior parte das quais se inseriu de modo estável no sistema jurídico onde surgiram.

Em tempo e modo variáveis, os direitos dos países europeus continentais foram sofrendo o impacte das novas ideias e da sua concretização jurídica. Em Portugal, as mudanças ocorreram a partir da revolução liberal de 1820. Na Alemanha, só se estabilizaram com a Constituição unificadora de 1871.

II. Em termos gerais, o processo iniciado com a Revolução Francesa explica as seguintes caraterísticas dos direitos romano-germânicos.

A estrutura e o funcionamento das instituições constitucionais ficaram marcados pelo princípio da **separação de poderes**, com especial influência nas competências relativas à produção legislativa e na relutância em reconhecer qualquer eficácia normativa à função jurisdicional.

INTRODUÇÃO AO DIREITO COMPARADO

A unidade política e a centralização, reflexos de um certo entendimento da soberania popular, ofereceram condições para a criação de sistemas integrados e hierarquizados nos domínios da **estrutura político-administrativa** e da **organização judiciária**.

A ideia de liberdade revelou-se determinante na convicção de que só a **lei**, votada por assembleias representativas do povo, exprime a vontade geral. Por isso e por ser o melhor veículo das ideias revolucionárias, lhe foi conferido o primado, quando não a exclusividade, entre as fontes de direito.

As ideias de liberdade e igualdade sustentam a **propriedade**, o **contrato** e a **igualdade sucessória** como pilares do direito patrimonial privado, implicando a abolição dos resquícios feudais, das limitações corporativas e dos direitos do filho primogénito.

Mais complexas foram as vicissitudes da aplicação das mesmas ideias na instituição familiar. É necessário esperar pela segunda metade do presente século para ver consagrado o princípio da igualdade entre homem e mulher e repudiada a distinção entre filhos legítimos e ilegítimos.

III. A **codificação**, com o sentido que desde então se lhe atribui nos direitos romano-germânicos (compilação sistemática, sintética e científica de normas legais), foi a fórmula encontrada para a assegurar a concentração e divulgação da lei e o instrumento preferido para lhe conferir primazia entre as fontes de direito.

Em França, durante cerca de um decénio, foram promulgados os códigos civil (1804), de processo civil (1807), do comércio (1807), penal (1811) e de instrução criminal (1811).

Em Portugal, foram aprovados sucessivamente os códigos comercial (1833), administrativo (1836), penal (1852), civil (1867), de processo civil (1876) e de processo comercial (1895).

Na Alemanha, após a reunificação, surgiram os códigos penal (1871), de processo civil (1877), de processo penal (1877), civil (1896) e comercial (1897).

28. A colonização

A colonização serviu como meio de "transporte" dos direitos europeus para as comunidades colonizadas nas Américas e em África. Inicialmente imposto pela potência colonizadora, o direito vigente em cada colónia veio a ser aceite, em maior ou menor grau, como base do direito nacional após a independência.

No que respeita aos direitos de raiz romano-germânica, o fenómeno foi mais evidente nos países da América Latina, onde a descolonização ocorreu mais cedo (século XIX) e a aculturação foi mais intensa.

Mas também se verificou nos países da África subsariana que sucederam às colónias francesas, belgas e portuguesas (e mesmo em alguns países do Magrebe

SISTEMAS JURÍDICOS ROMANO-GERMÂNICOS

que estiveram sob domínio francês), dando lugar a sistemas jurídicos híbridos em que a marca romano-germânica se continua a sentir com diversas graduações.

§ 8º FONTES DE DIREITO

29. Elenco e hierarquia
A problemática relativa ao conceito, ao elenco e à hierarquia das fontes de direito (com esta nomenclatura ou outra equivalente) é muito semelhante nos três sistemas jurídicos em comparação. Ao lado de um conceito restrito que abrange apenas os modos de criação de normas jurídicas (fontes imediatas), admite-se um outro mais extenso que inclui também os modos de revelação de normas jurídicas.

É pacífico que a **lei** tem o primado entre as fontes de direito, tanto pela sua importância como pela prevalência hierárquica. A opinião ainda dominante em Portugal e em França vai mesmo no sentido de que a lei é fonte quase exclusiva de criação de direito. Pelo contrário, os juristas alemães aceitam geralmente que eficácia equivalente seja conferida ao **costume**.

A controvérsia sobre o valor da **jurisprudência**, da **doutrina** (e, por vezes, dos princípios gerais de direito) desenrola-se em termos próximos nos três sistemas jurídicos, com tendência para a sua qualificação como fontes mediatas ou modos de simples revelação do direito.

§ 9º A LEI

30. As Constituições escritas e o controlo da constitucionalidade das leis
I. Em qualquer destes sistemas jurídicos, há uma **Constituição escrita**, colocada no topo da hierarquia das fontes de direito: Constituição da República Federal da Alemanha de 1949 (alterada pelo Tratado de Unificação de 1990), Constituição francesa de 1958 e Constituição portuguesa de 1976 (ambas com várias revisões posteriores).

Todas elas incluem: as regras fundamentais sobre a organização do poder político, baseado numa conceção de democracia representativa; e um elenco de direitos fundamentais (na Constituição francesa, por remissão, no preâmbulo, para a Declaração dos Direitos do Homem, "confirmada e completada pelo preâmbulo da Constituição de 1946").

As principais diferenças consistem:

– na estrutura unitária dos Estados português e francês em contraposição com a estrutura federal da RFA, onde, além da Constituição federal, existem Constituições dos *Länder*;

INTRODUÇÃO AO DIREITO COMPARADO

- no modelo semipresidencial adotado pelas Constituições francesa e portuguesa em comparação com a maior incidência parlamentar da Constituição alemã;
- na caraterização da RFA e de Portugal como Estados de direito social, que é expressa no artigo 20º da Constituição de Bonn e resulta, na Constituição portuguesa, de um extenso elenco de direitos sociais, económicos e culturais, em comparação com o pendor mais clássico e liberal da Constituição francesa.

II. Quanto ao **controlo da constitucionalidade**, os direitos português e alemão têm em comum:

- a competência da generalidade dos tribunais para tomarem conhecimento, em concreto, de matéria de inconstitucionalidade das leis;
- a existência de uma jurisdição constitucional com competência para decidir, em abstrato, sobre a constitucionalidade das leis, tanto em processo de fiscalização preventiva como sucessiva, e para julgar questões concretas de constitucionalidade suscitadas perante os tribunais.

Os dois sistemas divergem nos seguintes pontos essenciais:

- em Portugal, existe um só Tribunal Constitucional, enquanto, na Alemanha, além do Tribunal Constitucional Federal, há também, na maioria dos *Länder*, tribunais constitucionais com competência para o controlo de constitucionalidade de atos legislativos regionais perante as respetivas constituições;
- a competência dos tribunais alemães em matéria de constitucionalidade é meramente incidental, isto é, cabe-lhes apenas admitir o incidente e remeter a decisão para os tribunais constitucionais, enquanto os tribunais portugueses têm competência para conhecer e decidir, embora das suas decisões caiba recurso para o Tribunal Constitucional.

Por força de um entendimento rígido do princípio da separação de poderes, é muito diferente, sob este aspeto, o direito francês:

- não é atribuída aos tribunais competência para conhecer, e portanto para decidir, questões de constitucionalidade;
- a fiscalização da constitucionalidade exerce-se apenas em abstrato, através de um órgão político (o Conselho Constitucional), e é limitada a controlo preventivo e circunscrito aos domínios da inconstitucionalidade orgânica e da garantia dos direitos fundamentais.

31. Competência legislativa

I. Em qualquer destes sistemas jurídicos, as assembleias parlamentares são referidas como os órgãos legislativos por excelência, mas este corolário do princípio da separação de poderes vem sofrendo sucessivas atenuações.

As regras e a prática constitucionais procedem na realidade a uma **partilha do poder legislativo**, em que a parcela pertencente aos Governos tem progressivamente aumentado, através de diversas e por vezes complexas fórmulas: concessão de autorizações legislativas, distinção entre leis contendo bases gerais e diplomas legais de desenvolvimento destas, exclusividade de iniciativa governamental em certas matérias, admissibilidade de competências concorrentes.

II. Na **República Federal da Alemanha**, coloca-se também a questão da distribuição de competência legislativa entre os órgãos federais e os órgãos estaduais (dos *Länder*).

A regra fundamental é a da competência dos *Länder* sempre que não esteja atribuída à Federação. Na prática porém não é muito grande nem muito relevante o espaço deixado à competência legislativa estadual.

Em primeiro lugar, a Constituição inclui um elenco extenso de matérias da exclusiva competência federal (defesa nacional, nacionalidade, moeda, relações económicas internacionais, correios e telecomunicações, propriedade industrial, direitos de autor e outras).

Em segundo lugar, matérias como as de direito civil, penal, processual e laboral, assim como as relativas à segurança social e aos mais importantes aspetos do direito económico, pertencem ao âmbito da chamada competência concorrente, em que o predominante exercício efetivo da competência legislativa pelos órgãos federais preclude a competência dos órgãos estaduais.

Por último, em relação a algumas outras matérias, têm os órgãos federais o poder de definir leis-quadro com as quais os *Länder* se devem conformar no exercício da sua própria competência legislativa.

III. Em **Portugal**, a autonomia político-administrativa das regiões autónomas dos Açores e da Madeira é reconhecida pela Constituição, com implicações ao nível da distribuição de competência legislativa. A autonomia legislativa das regiões autónomas incide sobre as matérias indicadas no respetivo estatuto político--legislativo, mas é limitada, na medida em que as regiões só têm competência em matérias não reservadas aos órgãos de soberania.

Em **França**, os *départements d'outre-mer* e as *collectivités d'outre-mer*, como Saint--Martin ou a Polinésia francesa, dispõem de autonomia legislativa, maior ou menor consoante o respetivo regime político-administrativo.

32. Comparação entre as codificações civis: Código Civil francês e Código Civil alemão

I. **Enquadramento histórico** – O Código Civil francês é resultado da Revolução Francesa. O seu projeto foi elaborado, apenas em quatro meses, por uma comissão nomeada em 1800 por Napoleão e constituída por quatro juristas, sendo dois oriundos do norte (e portanto formados no direito do *pays des coutumes*) e dois oriundos do sul (e portanto formados no direito romanístico do *pays du droit écrit*).

Com o nome de *Code Civil des Français*, foi promulgado no ano XII (1804) através de uma lei que reuniu num só os 36 textos parcelares que tinham sido entretanto aprovados e publicados durante os anos de 1803 e 1804.

Na Alemanha, a codificação civil, ao estilo do *Code Civil*, foi, em 1814, objeto de polémica entre Thibaut, que a reclamava, e Savigny, que a julgava inconveniente (porque não científica e constrangedora do livre desenvolvimento do direito) e, de qualquer modo, prematura enquanto não se restabelecesse a unidade política alemã.

De facto, a preparação do que viria a ser o Código Civil alemão (*Bürgerliches Gesetzbuch*, conhecido pela sigla *BGB*) só se iniciou após a reunificação da Alemanha promovida por Bismark.

Nomeada em 1874, uma 1ª Comissão composta por onze juristas (entre os quais avultava o pandectista Windscheid), o 1º Projeto foi submetido a discussão pública em 1888. Após os trabalhos da 2ª Comissão, que integrava juristas e não-juristas e que, em 1895, fez publicar o 2º Projeto, o 3º (e último) Projeto foi remetido ao Parlamento que aprovou o código em 1896. Votaram contra os deputados social-democratas, que consideravam o código um instrumento de proteção das classes possidentes.

O *BGB* entrou em vigor no primeiro dia do ano de 1900.

II. **Estrutura e estilo** – O *Code Civil*, para além de um "Livro preliminar" que inclui apenas 6 artigos, está, à semelhança das Institutas, dividido em três partes:

Livro I – Das pessoas
Livro II – Dos bens e das diferentes modificações da propriedade
Livro III – Das diferentes formas como se adquire a propriedade.

O *BGB* está estruturado segundo o modelo da divisão germânica usada nas Pandectas:

Livro I – Parte geral
Livro II – Direito das obrigações
Livro III – Direito das coisas
Livro IV – Direito da família
Livro V – Direito das sucessões.

O Código Civil francês foi redigido em linguagem simples e elegante, mas tem sido criticado por ser frequentemente inexato e ambíguo.

O estilo do *BGB* é rigoroso, prevalecendo a linguagem técnico-jurídica. Usa e abusa de remissões entre os seus parágrafos. Por isso, a sua compreensão não é acessível a leigos. A introdução de cláusulas gerais assentes em conceitos indeterminados tem facilitado a adaptação à evolução socioeconómica.

III. **Conteúdo e ideologia** – O *Code Civil* tem sido qualificado como revolucionário. Estreitamente ligado à Revolução Francesa, era moderno no modo de expressão das fontes de direito e refletia, na regulação das instituições civis, as ideias próprias do seu tempo.

O espírito burguês revela-se no individualismo liberal, com repercussões mais evidentes no dogma da vontade, na proteção do direito de propriedade, na amplitude dos poderes do proprietário e na omissão de um regime jurídico aplicável às pessoas coletivas. As relações familiares eram encaradas numa perspetiva laica mas tradicionalista.

Do *BGB* se tem dito, pelo contrário, que é obra conservadora. Esta oposição pode ser enganadora.

Na verdade, o Código Civil alemão é conservador só porque, em comparação com o seu homólogo francês, não inovou significativamente no conteúdo das instituições civis, apesar de ter iniciado a sua vigência quase um século depois. É notória a sua insensibilidade em relação a novas questões sociais com destaque para aquelas que já surgiam no âmbito laboral.

Mas, se abstrairmos do fator tempo, o *BGB* não é mais conservador do que o *Code Civil*. Um e outro se inspiraram na mesma ideologia liberal e burguesa, que, apesar de diferentes matrizes técnicas, foi vertida em conteúdos convergentes na regulação essencial das instituições civis.

33. Comparação do Código Civil português de 1867 com o Código Civil francês

O Código Civil português de 1867 é conhecido como "Código de Seabra" por ter tido origem num projeto de cuja elaboração foi encarregado, em 1850, o Visconde António Luís de Seabra. Apesar de ter também recebido influências de códigos iluministas (Código Geral prussiano de 1794 e Código Civil austríaco de 1811), a estrutura e o conteúdo foram marcados pelo Código Civil francês.

As principais **semelhanças** com este consistem na ideologia (liberalismo moderado), na elegante simplicidade do estilo e na frequente coincidência das soluções.

INTRODUÇÃO AO DIREITO COMPARADO

As **diferenças** mais notórias verificam-se nos seguintes aspetos:

– a estrutura do Código de Seabra é quadripartida; a Parte I ("Da capacidade civil"), a Parte II ("Da aquisição de direitos") e a Parte III ("Do direito de propriedade") correspondem respetivamente aos Livros I, III e II do código napoleónico, não tendo a Parte IV ("Da ofensa dos direitos e da sua reparação") paralelo neste código;

– os títulos das suas grandes divisões refletem uma conceção em que a relação (estática e existencial) entre o homem e o mundo do código francês é substituída por uma visão dinâmica e técnico-jurídica dos direitos do homem ("capacidade", "aquisição de direitos", "ofensa dos direitos");

– em vez do laicismo radical do *Code Civil*, o código oitocentista português consagrava a dualidade de formas de casamento (católico ou civil, conforme os nubentes professassem ou não a religião católica);

– revelando alguma preocupação de modernidade e atenção à realidade social, o código de Seabra regulou alguns institutos que tinham sido ignorados pelo código francês (v. g. a personalidade coletiva, a propriedade literária, artística e científica); em contrapartida, manteve outros que poderiam ser considerados arcaicos, como o compáscuo e a enfiteuse.

34. Comparação do Código Civil português de 1966 com o Código Civil alemão

O Código Civil português em vigor (promulgado em 1966) foi preparado ao longo de mais de vinte anos por uma comissão constituída quase exclusivamente por professores de direito. A revisão final ficou assinalada pela intervenção do professor Antunes Varela, que era então Ministro da Justiça.

Apesar da época em que foi elaborado, o código não sofreu excessiva influência da ideologia corporativa oficial, podendo dizer-se que prosseguiu na senda do liberalismo económico e da conceção católica e patriarcal da família.

Óbvia é a influência do *BGB*, embora em muitas matérias os estudos pré--legislativos tenham sido enriquecidos com pesquisas comparativas que consideraram também as soluções de outros códigos, em especial o italiano e o suíço.

Em relação ao Código Civil alemão, as principais **semelhanças** consistem na estrutura, na técnica legislativa e em muitas das opções escolhidas para os institutos regulados na "Parte geral" e nas "Obrigações em geral". Notam-se porém algumas evoluções que, em muitos casos, foram orientadas pela doutrina e pela jurisprudência alemãs posteriores à entrada em vigor do *BGB*.

As **diferenças** verificam-se especialmente no âmbito dos direitos reais e da família, em que se manteve, até à profunda revisão de 1977, o essencial da tradição incorporada no código anterior.

35. Influência em outros códigos dos códigos civis francês, alemão e português

I. Os códigos civis belga e luxemburguês resultaram da adoção, como códigos nacionais, do texto do *Code Civil des Français*, que, à data da independência da Bélgica e do Luxemburgo (em 1830 e 1890, respetivamente), já vigorava nos mesmos espaços, então integrados no território francês. As alterações posteriores emanadas das autoridades soberanas de cada um dos três Estados determinaram naturais diferenças que não chegaram a afetar o tronco comum. O Código Civil luxemburguês é aquele que mais próximo se mantém da versão original do *Code Civil*.

A influência do Código Civil francês fez-se sentir em quase todos os códigos civis elaborados no século XIX. Destes estão ainda em vigor: na Europa, os códigos romeno (1865) e espanhol (1889); nas Américas Central e do Sul, os códigos do Haiti (1825), da Bolívia (1830), da Argentina (1869), do Chile (1855) e, sob influência direta deste, os de outros países como o Uruguay (1868); na América do Norte, o Código Civil da Louisiana (1808).

No século XX, a inspiração do *Code Civil* é ainda evidente em códigos aprovados em países do norte de África, como o Egipto (1949) – e, por influência deste, noutros países islâmicos – com ressalva porém das regras relativas aos direitos da família e das sucessões.

Nos países africanos ao sul do Sará, que foram colónias francesas, o Código Civil francês manteve-se em vigor, no essencial, após a independência.

II. O *BGB* exerceu a sua mais forte influência no Código Civil grego (1940) e, através dos trabalhos preparatórios, no Código Civil japonês (1898).

Os códigos civis suíço (1912) e italiano (1942) – além do português de 1966 – são exemplos de códigos vigentes que, embora fruto de conceções próprias, não deixam de refletir, em diferentes graus, a influência do modelo alemão.

III. A influência direta dos códigos civis francês e alemão em outros códigos vem-se reduzindo nos últimos anos.

Assim, de entre os códigos de modelo francês: o Código Civil do Québec, de 1866, foi substituído por um outro aprovado em 1991 para vigorar a partir de 1994; na Holanda, o velho código de 1838, foi sendo revogado à medida que entrava em vigor, por partes, o novo Código Civil, em elaboração desde 1947. Este processo de renovação, concluído em 1992, teve como resultado um produto diferente dos seus congéneres anteriores em que, por via de aturados estudos comparativos, foram acolhidas soluções das mais variadas origens, incluindo os direitos de *common law*.

INTRODUÇÃO AO DIREITO COMPARADO

O Código Civil brasileiro de 1916 também foi substituído, em 2002, por um código fortemente influenciado pelos códigos italiano e português, correspondendo assim ao modelo alemão. O diploma resultou de um projeto elaborado cerca de 30 anos antes por uma comissão liderada por Miguel Reale.

As mais modernas codificações civis estão a surgir em alguns dos Estados que compunham a União Soviética, nos quais vigoravam códigos cuja matriz era o Código Civil russo de 1964. Neste notava-se, apesar da diferente inspiração ideológica, uma forte influência da estrutura e dos conceitos do BGB. Nos novos códigos, essa influência atenuou-se. É o caso do Código Civil da Federação Russa, cuja primeira parte (disposições gerais, propriedade e obrigações) entrou em vigor em 1995. Sem cortar com a tradição germânica, autonomizou-se dela, na medida em que recebeu novas influências (incluindo do código holandês) e adotou algumas soluções inovadoras.

IV. O Código Civil português de 1966 mantém-se em vigor, com alterações, em Angola, Cabo Verde, Guiné-Bissau, Moçambique e São Tomé e Príncipe.

Inspirou também fortemente os códigos civis de Macau (1999) e de Timor--Leste (2011), em ambos os casos tendo em conta, por um lado, as alterações aprovadas em Portugal depois de 1974, e, por outro lado, as realidades locais.

§ 10º O COSTUME

36. Relevância como fonte de direito

I. Em qualquer dos sistemas jurídicos em comparação, é normalmente atribuída escassa importância ao costume como fonte de direito. São todavia diferentes o discurso e a atitude dos juristas franceses e portugueses, por um lado, e dos juristas alemães, por outro.

II. A lei de aprovação do *Code Civil* revogou expressamente o direito consuetudinário anterior. A desconfiança em relação ao costume tem-se mantido, não sendo para tal indiferente a relutância em aceitar uma fonte de direito que se contava entre as mais importantes e caraterísticas do *ancien régime*. Apesar disso, alguns juristas franceses apontam casos de costume *contra legem* (v. g. a validade de doações manuais contra a genérica exigibilidade legal de forma notarial consignada no Código Civil, artigo 931º).

III. Em Portugal, a tradição do positivismo legalista emerge claramente no Código Comercial e no Código Civil, onde se revela tendencial "fobia" ao costume.

Nas últimas décadas porém tem vindo a ganhar adeptos a tese que sustenta a ilegitimidade da lei para fixar o elenco das fontes de direito e que conclui pela equivalência, no plano hierárquico, das normas legais e das consuetudinárias.

IV. Na Alemanha, a Escola Histórica deixou raízes favoráveis ao costume. O artigo 2º da Lei de Introdução ao *BGB*, dando o valor de lei a "qualquer norma jurídica", parece reconhecer o costume como fonte de direito, ainda que por equiparação à lei, implicitamente tomada como paradigma da expressão do direito.

O respeito pelo direito consuetudinário emerge na fundamentação atribuída por alguns juristas a institutos sem consagração legal, tais como a violação positiva do contrato e a eficácia de proteção do contrato em relação a terceiros.

§ 11º A JURISPRUDÊNCIA

37. Discussão sobre o valor da jurisprudência como fonte de direito
Embora com variantes, o valor da jurisprudência como fonte de direito é, nestes três países, matéria de discussão e de opiniões divididas. As principais orientações são as seguintes:

1ª – A jurisprudência **não é fonte imediata de direito**. As decisões dos tribunais só têm eficácia no caso concreto, pelo que valem apenas como meio mediato ou derivado de conhecimento do direito. Tem sido esta a posição dominante.

2ª – Quando **uniforme**, a jurisprudência constitui, em regra, **precedente** meramente **persuasivo**, mas, em certas matérias, pode ser considerada como fonte de direito, na medida em que interpreta, desenvolve ou completa normas legais. Na expressão de I. Magalhães Collaço, integrar-se-ia, em conjunto com a lei, num "facto normativo de formação complexa".

3ª – A jurisprudência constante tem o valor de **costume jurisprudencial**.

38. O efetivo papel da jurisprudência
I. Em França, encontram-se exemplos de verdadeiras inovações jurisprudenciais. Limitando os exemplos ao direito privado, o caso mais citado é a *responsabilité du fait des choses* (responsabilidade civil extracontratual decorrente da guarda de coisas), instituto que foi, quase na totalidade, criado e desenvolvido pela jurisprudência a partir do célebre *arrêt Jand'heur* proferido em 1930 pela *Cour de Cassation*.

Nem a natureza objetiva reconhecida à responsabilidade civil neste domínio nem a pormenorizada construção dos seus requisitos encontram efetivo fundamento no artigo 1384º do *Code Civil*, cuja invocação não passa de ficção sobre a qual se oculta o papel realmente inovador da *Cour de Cassation*.

INTRODUÇÃO AO DIREITO COMPARADO

Em relação a outros institutos, como o abuso de direito, não se pode falar propriamente de criação jurisprudencial. Mas foi com base em decisões dos tribunais que as dispersas regras legais encontraram plena coerência de princípio geral.

II. Na Alemanha, o exemplo clássico de decisão *contra legem* é a *Aufwertungsurteil*, sentença do *Reichsgericht* que, em 1923, recusou a regra legal do nominalismo para compensar os efeitos da desvalorização galopante que se seguiu à 1ª Grande Guerra.

Igualmente reveladores do papel criativo da jurisprudência são certos institutos (geralmente inspirados pela doutrina) que se foram desenvolvendo à margem das normas legais, como a *culpa in contrahendo* (só reconhecida na lei pela revisão do BGB em 2001) e a inversão do ónus da prova em matéria de responsabilidade civil do produtor (em tempo anterior ao da diretiva europeia de 1985 que harmonizou o instituto).

A jurisprudência – nesta situação diretamente legitimada pela lei – é também chamada a uma função evolutiva do direito através da integração dos conceitos indeterminados contidos nas várias cláusulas gerais do *BGB*.

III. No direito português, um lugar próprio era reservado aos assentos, previstos no artigo 2º do Código Civil como "doutrina com força obrigatória geral". Mas este preceito, cuja constitucionalidade foi posta em causa, veio a ser revogado em 1995. Pode ainda assim inquirir-se se um efeito de obrigatoriedade equivalente não subsiste por força dos acórdãos do Supremo Tribunal de Justiça para uniformização e fixação de jurisprudência (Código de Processo Civil, artigo 732º-A; Código de Processo Penal, artigos 437º e 445º).

De qualquer modo, não são raras as regras de direito em que não se vislumbra fundamento legal direto (por exemplo, a equiparação a incumprimento definitivo da manifestação da intenção de não cumprir, quando declarada antes do vencimento da obrigação – cfr., entre outros, acórdãos do STJ de 15 de março de 1983, BMJ nº 325, p. 561 ss, e de 10 de janeiro de 2012 (www.dgsi.pt).

Também entre nós, para conhecer o direito é quase sempre necessário conhecer as decisões dos tribunais, em especial dos tribunais supremos. Em face do artigo 241º do Código Civil, quem poderia adivinhar que os tribunais não contestam a validade formal do contrato de compra e venda de um imóvel em que haja simulação do preço? Como se pode compreender o alcance efetivo do artigo 334º do mesmo código sem atender ao modo como os tribunais vêm preenchendo o conceito de boa fé?

IV. Perante este quadro, parece que não será ousado esboçar as seguintes conclusões:

1ª – Deve distinguir-se entre o **discurso** dominante e **oficial** (legal, jurisprudencial e doutrinário) sobre a jurisprudência, que tende a recusar-lhe qualquer função de criação normativa, e a sua **efetiva importância** enquanto meio indispensável para o conhecimento do direito real e sua adequação à evolução das sociedades.

2ª – Em regra, as decisões dos tribunais portugueses, franceses e alemães não constituem precedente vinculativo. Os tribunais não deixam porém de tomar em consideração decisões anteriores sobre casos semelhantes, valorando positivamente a uniformização (cfr. Código Civil português, artigo 8º, nº 3). A jurisprudência vale como **precedente persuasivo**, que é tanto mais forte quanto mais elevado for o grau hierárquico do tribunal que profere as sentenças e quanto mais repetitiva for a orientação seguida.

3ª – É inegável que, em áreas limitadas (designadamente do direito privado e do direito administrativo), os tribunais destes países têm decidido em conformidade com regras de origem jurisprudencial que se não contêm nas fontes legais e que, por vezes, contrariam as regras legais. Nestes casos, é lícito afirmar que há verdadeira **inovação jurisprudencial**.

39. O estilo das sentenças

As sentenças proferidas pelos tribunais inseridos nestes três sistemas jurídicos, em especial as dos tribunais superiores, apresentam, sob vários aspetos estruturais e intertextuais, estilos bem caraterísticos.

I. As sentenças portuguesas são geralmente extensas, cabendo parte importante ao relatório sobre a matéria de facto e à descrição das vicissitudes processuais. É muito variável o grau de desenvolvimento e profundidade conferido à discussão das questões de direito. A decisão é sempre fundamentada em preceitos legais, mas as referências jurisprudenciais e doutrinárias são abundantes. É vulgar a invocação como argumento de autoridade de obras de professores de direito. Nos tribunais superiores é frequente a expressão motivada de votos de vencido.

II. As sentenças alemãs são também extensas, mas, em comparação com as portuguesas, é geralmente mais resumido o relatório que antecede a matéria de direito relativa ao fundo da causa. Algumas decisões são longamente motivadas, em estilo de dissertação. Sendo obrigatória a indicação dos fundamentos legais, é também muito frequente a citação de precedentes jurisprudenciais e, em menor escala, a referência a obras doutrinárias. Os votos de vencido só são admitidos no Tribunal Constitucional.

III. As sentenças francesas são tendencialmente curtas e concisas. A matéria de facto é resumida. Como regra, cada uma das frases começa pela palavra *attendu* (considerando), o que confere ao texto um certo paralelismo monótono. A fundamentação legal é sempre indicada. Em comparação com as sentenças portuguesas e alemãs, são em menor número as menções jurisprudenciais e são raras as citações doutrinárias.

§ 12º A DOUTRINA

40. Relevância como fonte de direito

I. A doutrina constitui um elemento central de todos os sistemas jurídicos romano-germânicos. Este fenómeno explica-se principalmente pela tradição nascida com a receção do direito romano, que consistiu em trabalho dogmático sobre textos que, na sua origem, eram também, em boa parte, excertos de obras doutrinárias.

Apesar de ser considerada apenas como fonte mediata de direito, a doutrina (em especial aquela que é gerada em ambiente universitário) desempenha nos direitos português, francês e alemão um relevante papel na construção e compreensão dos sistemas jurídicos, nas reformas legislativas e também, embora em graus diferentes, no modo de aplicação do direito.

II. A doutrina jurídica apresenta na Alemanha e em Portugal algumas afinidades, que ultimamente se vêm acentuando por influência germânica sobre os juristas portugueses.

As obras mais marcantes têm geralmente origem universitária, com especial relevo para manuais destinados ao ensino e dissertações apresentadas em provas de pós-graduação. O discurso é tendencialmente teórico, dirigindo-se ora à construção dogmática de institutos e princípios gerais ora à argumentação em favor de soluções para casos modelares. O diálogo intertextual estabelece-se de preferência com outras obras de cariz doutrinário.

A diferença mais assinalável consiste na quantidade e densidade das obras produzidas, que é superior na Alemanha. Além de inúmeras revistas, gerais ou especializadas, e de uma impressionante produção monográfica, têm particular importância os múltiplos e extensos tratados, redigidos em comentário aos códigos e a outra legislação, com a colaboração coletiva dos juristas mais ilustres. Mas, em Portugal, nos últimos anos, têm aumentado exponencialmente em quantidade e qualidade as obras produzidas como dissertações e trabalhos de mestrado e de doutoramento, assim como os artigos publicados em novas revistas e em obras coletivas.

Caraterística própria da literatura jurídica portuguesa é a grande abertura a direitos estrangeiros e ao direito comparado. Ao invés, a doutrina alemã constitui um "edifício" mais fechado sobre si mesmo que só em obras de vanguarda ou em estudos monográficos de direito comparado estabelece contacto com outros direitos.

A atenção dispensada pela doutrina à jurisprudência é mais acentuada na Alemanha. Em Portugal, é mais forte a influência da doutrina sobre o modo de decidir dos tribunais.

III. Em França, é também muito elevada a produção doutrinária, distribuída por manuais, monografias, enciclopédias e artigos de revista.

Algumas obras denotam apurada construção teórica e criatividade, dando particular atenção às relações do direito com outros subsistemas sociais. Proliferam porém os textos de índole prática em que a descrição sistemática dos institutos se baseia mais na informação abundante do que na análise crítica.

O discurso centra-se frequentemente na exegese da lei e no comentário casuístico da jurisprudência. São escassas as referências a direitos estrangeiros. A influência sobre direitos não francófonos vem decrescendo à medida do declínio da língua francesa.

§ 13º A DESCOBERTA DO DIREITO APLICÁVEL

Nestes ordenamentos, a descoberta do direito aplicável é, em princípio, reconduzida à descoberta de uma norma (efetiva ou ficticiamente) contida no sistema legal. Por isso, o processo centra-se na interpretação da lei e, na falta de lei diretamente aplicável, na sua integração.

41. Interpretação da lei

A metodologia da interpretação da lei é, nos sistemas romano-germânicos, resultado de construção doutrinária. Têm variado as orientações (subjetivista ou objetivista, historicista ou atualista). Alguns métodos influentes na hermenêutica de textos legais adquiriram foros de "escola" (exegética, do direito livre, da jurisprudência dos conceitos, dos interesses ou dos valores).

Em comparação com as técnicas usadas em outras famílias jurídicas, pode porém afirmar-se que, no essencial, os **cânones de interpretação da lei** se mantêm imutáveis desde a formulação que Savigny fixou em obra escrita no princípio do século XIX. No direito português, esses cânones foram codificados (Código Civil, artigo 9º).

O método é pluralista. Segundo combinações variáveis, são relevantes os seguintes fatores ou elementos:

- a "letra da lei", a que se refere o **elemento literal** ou gramatical;
- o "espírito da lei" ou elemento lógico, por sua vez subdividido nos **elementos histórico** (trabalhos preparatórios e *occasio legis*), **teleológico e sistemático**.

Há ainda que atender à conformidade com a respetiva constituição política e, para os Estados-membros, com o direito da União Europeia.

42. Integração da lei

I. Apesar das muitas críticas de que tem sido alvo nos sistemas em comparação, o positivismo legalista continua a dominar efetivamente a lógica subjacente ao discurso e ao método jurídicos. Só assim se compreende que, verificada a existência de uma lacuna na regulação legislativa, a sua integração se deva fazer, em princípio, por referência ao sistema legislativo.

Em qualquer destes direitos, a **aplicação analógica** (de uma norma legal) é o meio privilegiado de integração de lacunas (da lei).

Menos pacífica é a admissibilidade de invocação de **princípios gerais de direito**.

No direito português (por sugestão do Código Civil suíço, artigo 1º, nº 2), prevê-se ainda a aplicação de uma **norma hipotética** criada "dentro do espírito do sistema" legislativo (Código Civil, artigo 10º, nº 3).

No direito alemão (como aliás no suíço), o **costume** é também admitido como forma de preenchimento de lacunas da lei.

II. O legalismo do "discurso oficial" não pode, apesar de tudo, ocultar que as normas legais não monopolizam o universo das normas jurídicas realmente aplicáveis em Portugal, em França e na Alemanha.

Já antes ficaram assinaladas a relativa importância do costume, o papel criativo da jurisprudência e a influência conformadora da doutrina.

No domínio da integração de lacunas, deve acrescentar-se que, salvaguardada a aplicação analógica da lei, todos os outros meios se reportam a outras fontes de direito. Assim: para a formulação de princípios gerais, é decisiva a contribuição da doutrina e, no direito francês, o seu reconhecimento depende de consagração pela jurisprudência; a hipotética norma legislativa, prevista no direito português, é na realidade uma norma jurisprudencial.

§ 14º ORGANIZAÇÃO JUDICIÁRIA E SISTEMAS DE RECURSO

43. Organização judiciária portuguesa

I. A organização judiciária (estadual) portuguesa compõe-se de tribunais judiciais e de tribunais especiais (além do Tribunal Constitucional e do Tribunal de Contas).

Os **tribunais judiciais** constituem uma ordem de tribunais aos quais, em conjunto, é atribuída competência para decidir ações que não estejam afetas a tribunais especiais. As principais competências dos tribunais judiciais incidem sobre matéria cível (incluindo comercial) e criminal.

São **tribunais especiais** os administrativos e fiscais.

Os tribunais judiciais estão escalonados em três níveis.

II. A 1ª instância é constituída pelos **tribunais de comarca,** cujo número tende a ser fortemente reduzido por reformas em curso ou projetadas.

A maioria dos tribunais de 1ª instância dispõe de competência genérica. Mas há também tribunais cuja competência é especializada em função da matéria e/ou do valor (tribunais cíveis, tribunais criminais, varas e juízos cíveis e criminais, juízos de pequena instância cível ou criminal, juízos de execução, tribunais de menores, tribunais de família, tribunais de trabalho, tribunais de instrução criminal, tribunais de execução de penas, tribunais marítimos, tribunais de comércio, tribunais da propriedade intelectual e tribunais de concorrência, regulação e supervisão), alguns dos quais com competência territorial mais extensa do que a área de uma comarca.

Em todos estes tribunais, os juízes são profissionais integrados na magistratura judicial, salvo a participação de juízes sociais em tribunais de trabalho e de menores.

A intervenção do júri, restrita ao julgamento de alguns crimes mais graves, só se verifica quando seja requerida pelo Ministério Público, pelo assistente ou pelo arguido.

Os Julgados de Paz, tribunais instalados em alguns concelhos portugueses, têm competência em matéria cível para julgar litígios de valor reduzido.

III. A 2ª instância é formada pelos **tribunais da Relação** (Coimbra, Évora, Guimarães, Lisboa e Porto), cuja principal competência consiste no julgamento de recursos de sentenças proferidas pelos tribunais de 1ª instância.

IV. O **Supremo Tribunal de Justiça** está dividido em secções especializadas (cíveis, criminais e social). Em secção, compete-lhe principalmente decidir recursos restritos a matéria de direito e interpostos de acórdãos das

Relações e, em certos casos criminais, diretamente (*per saltum*) de decisões de tribunais de 1ª instância; em plenário, profere acórdãos para uniformização da jurisprudência.

44. Organização judiciária francesa

I. Existem duas ordens de jurisdições (estaduais): a **jurisdição judiciária**, onde se integram os tribunais com competência em matéria civil, comercial, social e penal (incluindo, desde 1982, crimes militares), e a **jurisdição administrativa**. A jurisdição judiciária está escalonada em três níveis.

II. Na 1ª instância, os tribunais têm competência especializada, designadamente em função das seguintes matérias:

– em matéria civil, os litígios de menor valor são julgados pelos *tribunaux d'instance* e os de maior valor pelos *tribunaux de grande instance*, que são atualmente 158 no território metropolitano;
– em matéria comercial, a competência pertence aos *tribunaux de commerce*, sucessores dos antigos tribunais consulares e constituídos exclusivamente por juízes eleitos pelos seus pares de entre comerciantes ou pessoas que desempenhem funções de direção em empresas comerciais (no sentido amplo do Código de Comércio);
– em matéria de relações de trabalho, as ações são decididas pelos *conseils de prud'hommes*, formados paritariamente por juízes eleitos por, e de entre, trabalhadores assalariados e entidades patronais;
– em matéria penal e contravencional, existem *tribunaux de police* (nome que tomam os *tribunaux d'instance* quando julgam contravenções), *tribunaux correctionnels* (nome que tomam os *tribunaux de grande instance* quando julgam crimes) e *cours d'assises*, tribunais de composição mista (juízes profissionais e jurados) que julgam os crimes mais graves.

III. A 2ª instância é formada por *cours d'appel* (30 no território metropolitano), cuja principal competência consiste no julgamento de recursos de sentenças proferidas pelos tribunais de 1ª instância, com exceção das *cours d'assises*.

O julgamento de sentenças proferidas, em primeira instância, pelas *cours d'assises* compete às *cours d'assises d'appel*.

IV. A *Cour de Cassation*, sediada em Paris, está dividida em cinco câmaras civis (por sua vez especializadas em matérias como a comercial e a social) e uma câmara criminal.

SISTEMAS JURÍDICOS ROMANO-GERMÂNICOS

Compete-lhe apreciar (nas condições adiante explicadas) recursos restritos a matéria de direito, interpostos de decisões das *cours d'appel* e das *cours d'assises*.

É especialmente relevante a sua função de uniformização da jurisprudência, reforçada, desde 1991, com a *saisine pour avis*, isto é, a admissibilidade de, por iniciativa dos juízes dos tribunais inferiores e antes da decisão destes, emitir pareceres sobre matéria de direito (exceto em matéria penal).

45. Organização judiciária alemã

I. Além dos tribunais constitucionais, a organização judiciária alemã compreende **cinco ordens de jurisdições**: ordinária, administrativa, financeira, laboral e social, cada uma das quais tem uma estrutura própria encimada por um tribunal federal supremo.

Os tribunais da **jurisdição ordinária** têm competência em matéria cível (incluindo comercial), criminal e de jurisdição voluntária (designadamente de natureza tutelar e registral). Estão hierarquizados em três níveis. Os dois primeiros pertencem ao âmbito dos *Länder*; só o mais elevado tem a natureza de tribunal federal.

II. A 1ª instância dos tribunais ordinários é composta por *Amtsgerichte* (*AG* – tribunais cantonais) e *Landgerichte* (*LG* – tribunais regionais). Estes têm competência para julgar as ações cíveis de maior valor e os crimes de maior gravidade. Decidem também recursos interpostos de certas decisões dos *Amtsgerichte*.

Não há júri.

III. A 2ª instância é formada pelos *Oberlandesgerichte* (*OLG* – tribunais regionais superiores), cuja principal competência reside no julgamento de recursos de sentenças proferidas pelos *Landgerichte* e, em certos casos, diretamente dos *Amtsgerichte*.

IV. O *Bundesgerichtshof* (*BGH* – Tribunal Federal de Justiça), com sede em Karlsruhe, é o tribunal supremo da jurisdição ordinária. Está dividido em secções (*Senate*) especializadas (civis, criminais e outras).

Em matéria cível, compete-lhe apreciar recursos restritos a matéria de direito interpostos de decisões dos *Oberlandesgerichte* e, *per saltum*, diretamente dos *Landgerichte*, quando as partes nisso acordem e desde que haja apenas questões de direito a apreciar.

Em matéria criminal, conhece de recursos de sentenças proferidas em 1ª instância pelos *Oberlandesgerichte* e, em certos casos, *per saltum*, de sentenças dos *Landgerichte*.

46. Os sistemas de recurso

I. A comparação limitar-se-á aos recursos interpostos para os supremos tribunais de decisões proferidas em ações cíveis sobre o fundo da causa.

Os recursos desta natureza são julgados:

– em Portugal, pelo Supremo Tribunal de Justiça, sob o nome de recurso de **revista**;
– em França, pela *Cour de Cassation*, sendo conhecidos por ***pourvoi en cassation***;
– na Alemanha, pelo *Bundesgerichtsthof*, tomando a designação de **Revision**.

Em qualquer dos sistemas, estes recursos são circunscritos à apreciação de matéria de direito, têm efeito sobre a decisão do caso *sub judice*, mas contribuem igualmente para a uniformização da jurisprudência.

II. Não coincidem nas três ordens jurídicas os requisitos de **admissibilidade do recurso**.

No direito português, a parte vencida em decisão da Relação que conheça do mérito da causa tem o direito de interpor recurso de revista, desde que o valor da ação seja superior à alçada da Relação. Às ações sobre o estado das pessoas e valores imateriais é legalmente atribuído o valor mínimo suficiente para admitirem recurso de revista. O recurso não é admitido, em regra, se a decisão da Relação confirmar a decisão do tribunal da 1.ª instância, aplicando-se o princípio da "dupla conforme".

No direito alemão, o recurso de *Revision* é admitido para as ações de maior valor, a menos que o *BGH* entenda que a questão se não reveste de particular importância. Se o litígio se referir a questões de menor valor ou de natureza não patrimonial, pode a parte vencida obter do tribunal *a quo* autorização para recorrer, desde que a questão seja considerada de especial relevo.

No direito francês, o *pourvoi en cassation* não depende de limite mínimo de valor. Para evitar a excessiva acumulação de processos na *Cour de Cassation*, têm sido ensaiadas diversas medidas ditas de "filtragem", desde a apreciação preliminar sobre a seriedade do recurso até à exigência de cumprimento prévio da decisão recorrida.

III. Quanto à natureza da decisão que dá provimento ao recurso, existem dois regimes fundamentais conhecidos como sistema de substituição e sistema de cassação.

O sistema português é um típico **sistema de substituição**. O tribunal de revista (Supremo Tribunal de Justiça), quando conclua que a sentença recorrida violou ou aplicou incorretamente normas de direito, profere decisão definitiva que substitui aquela que fora proferida pelo tribunal recorrido.

"O processo só volta ao tribunal recorrido quando o Supremo entenda que a decisão de facto pode e deve ser ampliada em ordem a constituir base suficiente para a decisão de direito ou que ocorrem contradições na decisão sobre a matéria de facto que inviabilizam a decisão jurídica do pleito" (Código de Processo Civil, artigo 729º, nº 3).

IV. O sistema francês é um típico **sistema de cassação**, expressão que está ligada precisamente ao nome do supremo tribunal francês.

A *Cour de Cassation* – diz-se – não julga o litígio, julga a sentença de que se recorre. Quando entenda que esta violou o direito aplicável, "cassa-a", isto é, anula-a fundamentadamente, sem proferir qualquer decisão definitiva sobre o fundo da causa.

Nesta situação, a ação deve ser novamente julgada, cabendo, em princípio, a competência a uma *cour d'appel* diferente, mas vizinha, daquela que proferiu a sentença anulada. Se a decisão desta segunda *cour d'appel* for no mesmo sentido do da primeira, isto é, se contrariar a orientação anteriormente preconizada pela *Cour de Cassation*, cabe novo *pourvoi en cassation*.

Este será julgado novamente pela *Cour de Cassation*, agora reunida em *assemblée plénière*, isto é, por juízes de mais de uma Câmara, num total de 19, o *premier président* e três membros de cada câmara. Se a decisão confirmar a anterior decisão da *Cour de Cassation*, a sentença recorrida é anulada. Conforme os casos, poderá o litígio ser definitivamente decidido ou o processo reenviado, mais uma vez, para uma (terceira) *cour d'appel* (diferente, mas vizinha, das anteriores), que deverá tomar uma decisão final necessariamente em conformidade com o juízo expresso na última sentença da *Cour de Cassation*.

V. O sistema alemão é intermédio.

A sentença que dê provimento ao recurso de *Revision* tem por efeito, tal como nos sistemas de cassação, a anulação da sentença recorrida, implicando, em princípio, o reenvio para o tribunal *a quo*, cuja decisão tem de se conformar com a orientação do *BGH*. Este pode, como no sistema de substituição, decidir definitivamente logo no recurso inicial, se o processo lhe fornecer todos os elementos.

§ 15º PROFISSÕES JURÍDICAS

47. Formação dos juristas

I. Na sequência de uma tradição cultural que remonta aos tempos do estudo do direito romano, as profissões jurídicas superiores (magistraturas e advocacia) são, nos sistemas jurídicos romano-germânicos, designadamente naqueles

INTRODUÇÃO AO DIREITO COMPARADO

que ora estão em comparação, exercidas por pessoas habilitadas com um **curso universitário** de direito (salvo contadas exceções, v. g. juízes dos tribunais de comércio em França).

A Declaração de Bolonha de 1999 procurou uniformizar alguns aspetos do ensino universitário na Europa, com reflexos na duração da licenciatura em direito. Em Portugal, predominam as licenciaturas de quatro anos. Em França, a *licence* tem a duração de três anos. Na Alemanha, a licenciatura dura cerca de três anos e meio. Neste último país, a parte escolar termina com a aprovação em "exame de Estado" que, apesar de algumas variantes em cada *Land*, tem em comum a incidência sobre a quase totalidade das matérias curriculares.

Para além da licenciatura, os juristas portugueses e franceses completam frequentemente um segundo ciclo de estudos, designado mestrado em Portugal e *master* em França, com uma duração aproximada de dois anos.

II. O acesso às profissões referidas depende, em qualquer destes três países, de **formação complementar**.

Em Portugal e em França, essa formação é diferenciada conforme o candidato se destine a alguma das magistraturas ou à advocacia.

Na Alemanha, a formação é uma e feita em exercício através de estágio (*Referendariat*), com a duração de cerca de dois anos, que decorre junto de tribunais, serviços de administração pública e escritórios de advogado. Termina com um "segundo exame de Estado" que confere habilitação para qualquer profissão jurídica.

48. As magistraturas judicial e do Ministério Público

I. Nos sistemas jurídicos em comparação, existem duas ordens de magistraturas – a judicial e a do Ministério Público – compostas, na sua quase totalidade, por magistrados profissionais com formação universitária, que exercem a sua atividade a tempo inteiro. Estão integrados em carreira profissional que atualmente é, em França, comum às duas magistraturas e separada, em Portugal e na Alemanha.

II. A **magistratura judicial** é constituída pelo conjunto dos juízes, magistrados independentes a quem compete a função jurisdicional. Em França, são designados como *Magistrats du Siège*.

Neste país e em Portugal, os juízes são, em regra, recrutados entre os "auditores de justiça" formados, respetivamente, na "École Nationale de la Magistrature» (Bordeaux) e no «Centro de Estudos Judiciários» (Lisboa). Na Alemanha, são recrutados, como juízes estagiários, entre os juristas que tenham sido aprovados no segundo exame de Estado.

Em França e em Portugal, as mais importantes decisões relativas à carreira dos juízes competem a Conselhos Superiores da Magistratura, compostos por magistrados eleitos e por personalidades independentes.

Em Portugal, é o Conselho Superior da Magistratura que tem competência para a nomeação dos juízes. Em França, esta função cabe ao Presidente da República (sob proposta do Conselho Superior da Magistratura). Na Alemanha, os juízes dos tribunais federais são nomeados pelo ministro federal da área homóloga à do tribunal a que se destinam, em conjunto com comissões compostas pelos ministros dos *Länder* da mesma área e igual número de personalidades escolhidas pelo *Bundestag*. O processo de nomeação dos juízes dos tribunais regionais varia de *Land* para *Land*, em conformidade com a respetiva legislação.

III. O **Ministério Público** é uma magistratura autónoma e hierárquica cujas funções estão essencialmente ligadas à defesa dos interesses gerais da sociedade. Em França, os magistrados do Ministério Público são designados como *Magistrats du Parquet*.

A sua principal e comum competência consiste no exercício da ação penal. A atribuição de outras funções é variável de país para país, atingindo a maior amplitude em Portugal, onde o Ministério Público assume também a direção da investigação criminal, o patrocínio judiciário do Estado e a proteção de certos interesses coletivos ou difusos.

49. A profissão de advogado

A advocacia é geralmente exercida, nestes três países, como profissão liberal. Aos advogados incumbe o patrocínio judiciário e o aconselhamento jurídico dos seus clientes.

A profissão é una. Em França porém, o *avocat* (profissional liberal) só nos tribunais de 1ª instância exerce a plenitude das funções de representação. Junto dos tribunais superiores subsistem, neste país, profissões diferenciadas que limitam essa unidade. Assim, compete aos *avoués*, nas *cours d'appel*, a prática de certos actos processuais em representação das partes e aos *avocats au Conseil d'État et à la Cour de Cassation* o patrocínio judiciário exclusivo junto destes tribunais. Uns e outros são titulares de "ofícios ministeriais".

Em Portugal e em França, o acesso à profissão é precedido de estágios controlados pela respetiva Ordem (ou *Barreau*). Na Alemanha, como se viu, a formação é comum à dos magistrados, sendo contudo necessária a inscrição numa associação profissional (*Rechtsanwaltskammer*).

INTRODUÇÃO AO DIREITO COMPARADO

Secção II
Síntese comparativa e âmbito da família de direitos romano-germânicos

50. Razão de ordem
A síntese que se segue é resultado direto da comparação anterior, que foi intencionalmente limitada aos sistemas jurídicos português, francês e alemão. Em alguns aspetos mais evidentes, a conclusão só agora será explicitada.

As diferenças históricas e culturais que separam aquelas ordens jurídicas e a influência que exerceram, direta ou indiretamente, sobre outras ordens jurídicas são razões bastantes para que as semelhanças encontradas se possam quase sempre generalizar, erigindo-as em caraterísticas comuns (ou, pelo menos, tendenciais) de todos os outros direitos romano-germânicos.

§ 16º DIFERENÇAS ENTRE OS SISTEMAS JURÍDICOS PORTUGUÊS, FRANCÊS E ALEMÃO

51. Elementos metajurídicos
I. Estádios mais evoluídos dos **sistemas económicos, sociais e culturais** na França e na Alemanha.

II. Diversidade das **línguas**.

52. Elementos históricos
I. A **receção do direito romano** foi mais tardia na Alemanha, mas encontrou aí condições favoráveis para ser mais extensa e profunda.

II. A **influência da Revolução Francesa** no direito fez-se naturalmente sentir mais cedo e com maior intensidade em França. Na Alemanha, é necessário esperar pela reunificação verificada no século XIX para que estejam verificadas as circunstâncias apropriadas ao modelo de codificação iniciado no consulado napoleónico.

53. Elementos jurídicos
I. **Estrutura federal** do Estado alemão, com efeitos na distribuição de competências legislativas e na organização judiciária; **estrutura** essencialmente **unitária** dos Estados português e francês.

68

II. Maior preocupação, em França, com o princípio da **separação de poderes**.

III. Mais ampla **fiscalização da constitucionalidade** das leis em Portugal e na Alemanha e, em consequência, maior influência nestes dois países da Constituição sobre o modo de conformação do sistema jurídico.

IV. Diferentes estruturas e estilos dos **códigos civis** vigentes: "modelo napoleónico" do código francês em contraste com o "modelo pandectístico" dos códigos alemão e português.

V. Maior recetividade, na Alemanha, ao reconhecimento do **costume** como fonte de direito.

VI. Maior influência, mais elevado grau de abstração e tecnicismo da **doutrina**, na Alemanha e em Portugal.

VII. Subsistência, em França, de **tribunais de comércio** compostos por juízes escolhidos entre profissionais das atividades económicas.

VIII. Sistema de **cassação**, em França, *versus* sistema de **substituição**, em Portugal, nos recursos para o tribunal supremo da jurisdição comum.

IX. **Formação** profissional unitária **dos juristas**, na Alemanha.

X. Maior amplitude das funções e da autonomia do **Ministério Público**, em Portugal.

§ 17º SEMELHANÇAS ENTRE OS SISTEMAS JURÍDICOS PORTUGUÊS, FRANCÊS E ALEMÃO; CARATERÍSTICAS COMUNS DOS DIREITOS ROMANO-GERMÂNICOS

54. Elementos metajurídicos

I. A influência da **religião** e da **moral cristãs**; distinção entre **direito e outras ordens normativas** (religião, moral, convivência social).

II. As tradições culturais de **humanismo** e **racionalismo**.

III. A **economia de mercado** (embora por vezes incipiente em países em vias de desenvolvimento).

55. Elementos históricos

I. Influência (ainda que remota) do **direito** consuetudinário **dos povos germânicos.**

II. **Receção** do direito romano.

III. Influência da **Revolução Francesa,** sentida especialmente nas conceções liberais e no movimento de codificação.

IV. **Colonização,** como meio de expansão da matriz dos direitos romano--germânicos europeus, em especial dos direitos francês, espanhol e português.

56. Elementos jurídicos

I. **Conceção do direito** como regra de conduta tendente à realização da justiça.

II. **Estrutura da regra jurídica** concebida com elevado grau de generalidade e abstração.

III. **Primazia do direito substantivo** sobre o direito processual (pelo menos, no discurso jurídico oficial); o direito de ação como meio de efetivação de direitos subjetivos.

IV. Distinção entre **direito público** e **direito privado;** a subdivisão do direito objetivo e da ciência jurídica em **ramos de direito.**

V. **Estado** como base da organização política; coincidência tendencial entre ordem jurídica e normas de origem estadual.

VI. **Organização do poder político** em conformidade com Constituições escritas; separação de poderes (legislativo, executivo e judicial); democracia política representativa (salvo algumas descontinuidades históricas).

VII. Consagração constitucional de **direitos, liberdades e garantias** individuais (as exceções pertencem mais ao domínio da não aplicação efetiva do que da sua recusa explícita em normas legais).

VIII. **Fiscalização da constitucionalidade** das leis.

IX. **Competência legislativa** distribuída entre as instituições parlamentares e as governamentais.

X. **Primado da lei**, tanto no plano hierárquico como no da sua importância relativa, enquanto fonte de direito aplicável a todas as áreas jurígenas.

XI. Concentração de uma parte significativa das regras legais em **códigos**, organizados de modo sistemático e segundo critérios doutrinários (salvo as particularidades dos países nórdicos europeus).

XII. Declínio da importância do **costume** (salvo a relevância que mantém em regiões rurais de países não europeus).

XIII. Contraste entre o discurso dominante e oficial, que recusa à **jurisprudência** o valor de fonte de criação normativa, e a sua efetiva importância enquanto meio de conhecimento e de evolução do direito.

XIV. Influência da **doutrina** na construção e compreensão dos sistemas jurídicos, nas reformas legislativas e, em diferentes graus, no modo de aplicação do direito.

XV. Utilização, na **interpretação da lei**, de um pluralismo metodológico em que, segundo combinações variáveis, são atendíveis os elementos literal, teleológico, sistemático e histórico.

XVI. Aplicação analógica como meio privilegiado de **integração de lacunas** da lei.

XVII. **Organização judiciária** ordinária ou comum hierarquizada em três níveis; tribunais de 1ª e de 2ª instância dispersos no território; tribunal supremo vocacionado para a uniformização da jurisprudência.

XVIII. **Jurisdição administrativa** composta por tribunais administrativos com competência para o controlo de legalidade dos atos da Administração Pública.

XIX. **Formação universitária** em direito como requisito geralmente exigido para o exercício de profissões jurídicas superiores (magistraturas e advocacia).

XX. Dualidade de **magistraturas – judicial e do Ministério Público** – compostas na sua quase totalidade por magistrados integrados em carreiras profissionais.

XXI. Tendencial **unidade da profissão de advogado**, a quem incumbe o patrocínio judiciário e o aconselhamento jurídico dos clientes.

INTRODUÇÃO AO DIREITO COMPARADO

§ 18º ÂMBITO DA FAMÍLIA DE DIREITOS ROMANO-GERMÂNICOS

57. Na Europa

I. Pode considerar-se assente a reunião, numa só família de direitos romano--germânicos, dos sistemas jurídicos correspondentes aos seguintes Estados:

- Estados latinos do ocidente (Portugal, Espanha, França e Itália);
- Estados de cultura germânica (Alemanha e Áustria);
- Suíça e Estados do Benelux (Bélgica, Holanda e Luxemburgo);
- Estados do sudeste (Grécia e Turquia, anotando-se que este, apesar da cultura e da religião islâmicas, acotou em 1926 codificação civil transposta do Código Civil suíço e do Código suíço das obrigações).

II. A este conjunto devem aditar-se os Estados eslavos e outros do leste da Europa (designadamente Polónia, Hungria, República Checa, Eslováquia, Roménia, Estónia, Letónia, Lituânia e Rússia) que, até ao final dos anos 80, eram agrupados pela doutrina numa "família de direitos socialistas europeus".

Desaparecido o elemento ideológico que determinava os seus carateres convergentes, em todos eles foram adotadas Constituições que consagram a democracia representativa, direitos fundamentais e um sistema de fiscalização de constitucionalidade das leis. A codificação de direito privado foi alvo de reformas que, seguindo modelos técnicos diversos, tiveram como objetivo comum a introdução (ou reintrodução) de instituições jurídicas adequadas à economia de mercado.

Por exemplo, na Polónia e na Hungria, os códigos civis de modelo soviético mantiveram-se, no essencial, em vigor, bastando revogar ou alterar aquelas normas onde se usava terminologia marxista-leninista ou que refletiam o sistema de propriedade socialista e outras instituições caraterísticas do regime anterior. Na Letónia, foi reposto em vigor o Código Civil de 1937. A Roménia pôde manter o seu código de 1865, que permanecera durante o período de influência soviética, tendo sido substituído por um novo em 2011. Na Rússia, na Lituânia e na Estónia, foram elaborados, de raiz, novos códigos civis.

Verificando o resultado destas e de outras reformas, realizadas em tempo surpreendentemente curto, não será ousado considerar reintegrados na família romano-germânica os sistemas jurídicos dos Estados que, até à segunda guerra mundial, pertenciam claramente ao seu âmbito.

Uma tal sequência histórica demonstra também que as diferenças ideológicas e de sistema económico não afetavam tanto como se poderia pensar as coincidências técnico-jurídicas entre os direitos civis dos países da Europa continental. De qualquer modo, parece hoje claro que uma parte significativa das caraterísticas comuns aos direitos romano-germânicos (com particular relevo para o sistema de fontes do direito) se podia também encontrar nos chamados direitos socialistas europeus.

III. Mais duvidosa é a inclusão dos países escandinavos (Suécia, Noruega e Finlândia) e dos outros países nórdicos (Dinamarca e Islândia). Parece, apesar de tudo, que a melhor solução é a positiva, porque, com ressalva da codificação, neles se verificam as principais caraterísticas definidoras desta família de direitos.

Sendo assim, é legítimo concluir que a família de direitos romano-germânica abrange atualmente (ou tende a abranger) a totalidade dos sistemas jurídicos europeus continentais, isto é, de toda a Europa menos os Estados das ilhas britânicas.

58. Em outros continentes

I. Por efeito da colonização, pertencem hoje à família de direitos romano--germânicos os sistemas jurídicos vigentes nos países das Américas (do Sul, Central e do Norte) que foram colónias da Espanha, de Portugal, da França e da Holanda.

II. Menos nítida é a qualificação dos sistemas jurídicos dos Estados que, em África, sucederam a colónias ou protetorados de países europeus continentais (França, Portugal, Bélgica, Espanha e Itália). Na sua maioria podem ser considerados como sistemas híbridos em que o direito de base legal do tipo romano--germânico coexiste com direito consuetudinário ou islâmico predominante em certas comunidades ou em certos institutos.

III. Na Ásia, as influências romano-germânicas, em Estados como o Japão, a China, a Tailândia, o Sri Lanka, as Filipinas e a Indonésia, não são suficientes para que os respetivos sistemas jurídicos possam ser integrados nesta família de direitos.

Mais provável, por efeito da transição para a economia de mercado, é a atração para o seu âmbito dos sistemas jurídicos de Estados como o Cazaquistão e outros da ex-União Soviética, embora se não deva menosprezar a influência concorrente da cultura islâmica.

Capítulo III
Sistemas jurídicos de *common law*

59. Método de exposição

I. A exposição dos sistemas jurídicos romano-germânicos iniciou-se com as grandes linhas de uma evolução histórica comum ou afim e prosseguiu com o tratamento comparativo dos elementos internos da "grelha comparativa" relativos às três ordens jurídicas selecionadas (portuguesa, francesa e alemã). Concluiu-se com uma síntese comparativa.

II. Este método de exposição não pode ser integralmente repetido no estudo dos direitos de *common law*.

Nesta família de direitos, não é possível proceder à história comparativa dos sistemas jurídicos que vão ser analisados. A razão é simples: um desses sistemas (o inglês) constituiu o antecedente histórico do outro (o norte-americano), através da influência exercida pela colonização.

A evolução de ambos será portanto abordada separadamente.

III. Pela mesma razão, não é também conveniente proceder em termos comparativos logo na primeira abordagem de cada um dos elementos internos. Parece preferível analisar primeiro o **direito inglês** (isto é, o direito que vigora na Inglaterra e no País de Gales), o que se fará de modo sistemático e em relação a cada *item*, de modo a obter a sua compreensão global. Só depois se apresentará o **direito dos Estados Unidos da América**, seguindo, tanto quanto possível, a mesma decomposição e ordenação. A comparação explícita far-se-á, em alguns aspetos, na exposição do direito americano, assinalando as particularidades deste em confronto com o modelo inglês. Mantém-se, ainda assim, o interesse numa síntese comparativa que encerrará o estudo desta família de direitos.

INTRODUÇÃO AO DIREITO COMPARADO

IV. Os elementos internos em observação serão os mesmos que foram escolhidos para o estudo macrocomparativo da família romano-germânica. O papel que a jurisprudência desempenha nos direitos anglo-saxónicos aconselha porém que a ordem seja diferente, dando precedência à organização judiciária e às profissões jurídicas em relação às fontes de direito.

Secção I
Direito inglês

§ 19º EVOLUÇÃO

60. Período anglo-saxónico (do século V d. C. até 1066)
As ilhas britânicas foram colónia romana até ao princípio do século V d.C. O direito romano, cuja vigência nunca se enraizou profundamente, foi erradicado pelas sucessivas invasões de anglos, saxões e dinamarqueses. A principal fonte de direito voltou a ser o costume. A partir da conversão ao cristianismo, nos finais do século VI, também o direito eclesiástico se aplicava a algumas situações jurídicas.

A descentralização do poder político, a escassez de leis escritas e a consequente predominância do direito consuetudinário impediram que neste período existisse um direito comum a toda a Inglaterra. O direito era variável e a sua aplicação relativamente incerta.

61. A formação do *common law* na Inglaterra (de 1066 até finais do século XV)
I. As origens do moderno direito inglês remontam à **conquista normanda**, verificada na sequência da batalha de Hastings (1066). O duque Guilherme da Normandia (rei Guilherme I de Inglaterra), que invocava direitos de sucessão ao trono, prometeu respeitar as "leis anglo-saxónicas". Contudo, ele mesmo deu início ao processo de organização feudal fortemente centralizado, que culminou com a proibição de subenfeudação (1290) e teve por efeito a atribuição à Coroa de toda a propriedade fundiária.

II. Nos primeiros tempos do domínio normando, a *Curia Regis* (*King's Council*) concentrava funções que, de modo difuso, correspondiam a poderes legislativos, executivos e jurisdicionais. Em relação a estes, a autonomização iniciou-se em princípios do século XII, dando lugar à institucionalização de três **tribunais reais**:

– o *Court of Exchequer* ("Tribunal do Tesouro"), cuja competência originária abrangia os assuntos de natureza fiscal;

SISTEMAS JURÍDICOS DE *COMMON LAW*

– o *Court of Common Pleas* ("Tribunal dos Pleitos Comuns"), vocacionado para a resolução de litígios fundiários;
– o *Court of King's Bench* (à letra, "Tribunal do Banco do Rei"), que se ocupava de matéria criminal.

Estes tribunais começaram pois por ser instâncias de exceção, com competências específicas e relacionadas com assuntos de interesse direto para a Coroa.

Mas, quando, por volta de 1300, os três tribunais reais fixaram a sua sede em Westminster, já não eram tribunais de exceção. A especialização entre eles tinha-se esfumado e a competência de todos tinha-se ampliado (com exclusão porém das matérias de *law merchant* e das decididas pelos tribunais eclesiásticos).

Vários fatores convergiram para esta evolução: o interesse dos povos, que não dispunham de um sistema alternativo de justiça moderna e eficiente; o interesse da Coroa na regulação da "paz pública"; o interesse dos próprios tribunais, que, sob o aspeto financeiro, eram autossuficientes.

III. Que direito aplicavam estes tribunais?

Dizia-se que aplicavam *comune ley*, expressão que, em *law french*, é o antecedente linguístico da expressão inglesa **common law**, isto é, o "direito comum" de Inglaterra.

Na verdade, não havia anteriormente, como se viu, um direito comum da Inglaterra nem esse pretenso *common law* tem origem uniforme. Os tribunais reais, invocando ficticiamente o "direito comum", terão, na realidade, aproveitado algumas regras consuetudinárias e outras inspiradas pelos direitos romano e canónico. Mas ter-se-ão principalmente guiado por critérios de razoabilidade e de bom senso.

O **precedente**, isto é, a tendência para decidir um litígio atual do mesmo modo que um caso anterior semelhante, estabilizou e deu coerência ao direito aplicado. O *common law* é portanto, desde a origem, direito jurisprudencial e não direito consuetudinário.

IV. O alargamento da competência dos tribunais reais não significava porém que ela fosse genérica (no sentido atual da termo) e ainda menos que houvesse a ideia de que a cada direito correspondia uma ação. O sistema era precisamente o inverso, porque os direitos só eram reconhecidos pelos tribunais se, e na medida em que, estivesse previsto um processo para a sua efetivação.

A ação iniciava-se por uma petição ao *Chancellor* (conselheiro do rei). Mediante remuneração, era emitido um *writ* que consistia numa carta emitida em nome do rei e dirigida ao *sheriff* (entidade policial do condado), contendo uma breve descrição da matéria do litígio e ordenando a comparência do réu perante um juiz.

INTRODUÇÃO AO DIREITO COMPARADO

Os **writs** foram-se tipificando, de tal modo que, em cada caso, bastava preencher o nome e a morada do réu, não havendo possibilidade de inserir outras circunstâncias particulares.

Além disso, a cada *writ* correspondia uma determinada e rígida *form of action*, em que se repetia o encadeamento da marcha do processo e estava prefixado o conteúdo da decisão que desse provimento à ação. Se não se escolhesse o *writ* apropriado ao caso, o pedido seria necessariamente improcedente. Usando nomenclatura atual, tudo se passava como se todos os processos fossem especiais.

A partir do século XIII, os *writs* passaram a ser registados. O seu número oscilou entre as cinco e as sete dezenas. Apesar de tudo, o sistema passou a admitir alguma flexibilidade através da aplicação de um certo *writ* a casos análogos àqueles para que fora originalmente concebido (*writs in consimili casu*) ou da ficção de semelhança fáctica atribuída a situações efetivamente diferentes (*actions on the case*).

Um importante exemplo desta segunda hipótese é o da utilização do *writ of trespass*. Inicialmente apropriado à responsabilidade civil delitual, veio a ser adaptado aos pedidos de indemnização por violação de promessas contratuais (*action of trespass on the case*). Foi a partir deste processo que se fez a evolução para a *action of assumpsit*, que é ainda hoje a base em que assenta o essencial das soluções de *common law* aplicáveis ao incumprimento dos contratos.

62. O desenvolvimento do *common law* e a formação da *equity* (de finais do século XV até 1832)

I. Com o decorrer do tempo e o uso do precedente, o *common law* foi-se consolidando e adquirindo a natureza de um sistema coerente de normas jurídicas. Mas revelou também insuficiências, especialmente notadas nos seguintes aspetos:

- o formalismo, que podia comprometer o êxito da ação pela prática de um simples erro técnico;
- o âmbito restrito de soluções, bem evidente, por exemplo, em matéria de *trust* e de incumprimento de contratos;
- a permeabilidade às influências dos mais poderosos, exercidas em especial sobre o júri.

II. No decurso do século XIV, ressurgiram as petições dirigidas diretamente ao rei para a resolução de litígios. Ora, como os tribunais continuavam a decidir em nome do soberano e este se considerava detentor de um poder jurisdicional residual, tais petições eram encaminhadas para o *Chancellor*, eclesiástico que disfrutava de grande confiança e influência junto do rei (*"keeper of king's conscience"*). Apesar de conhecedor do *common law*, pela sua estreita ligação aos tribunais, o *Chancellor* começou por resolver estes casos de acordo com a equidade (**equity**).

SISTEMAS JURÍDICOS DE *COMMON LAW*

A autonomia do *Chancellor* como juiz foi-se tornando cada vez maior, de tal modo que, nos finais do século XV, estava criado um novo tribunal real (**Court of Chancery**) diferente dos restantes tanto pela forma do processo como pela natureza e fonte das decisões.

III. O processo, que se iniciava através de um *writ* comum a todos os casos (*writ of subpoena*), era, por influência do direito canónico, escrito, inquisitório e secreto, não havendo lugar para a intervenção do júri.

As decisões segundo a equidade vão evoluindo para decisões fundamentadas em regras jurídicas extraídas de decisões anteriores. A *equity* deixa de ser verdadeira equidade para constituir um sistema de regras formadas a partir do precedente, observadas como precedente e conhecidas através da publicação das sentenças.

O conteúdo das soluções é inovador em relação às que estavam consagradas nos tribunais de *common law*. Na generalidade, as diferenças denotam a sua origem equitativa e a inspiração religiosa. Daí surgiu a ideia de que as sentenças se dirigiam à consciência do destinatário.

As inovações mais importantes e caraterísticas foram as seguintes:

– admissibilidade da *specific performance* (execução específica) como meio de cumprimento coercivo do contrato (em *common law*, a indemnização era a única – e continua a ser a principal – pretensão admitida para o incumprimento do contrato);
– reconhecimento, no *trust*, do direito do *beneficiary* (ou *cestui que trust*) instituído a seu favor pelo *settlor* ao transmitir a propriedade para o *trustee* (em *common law*, este último era considerado como proprietário pleno, não sendo tomados em consideração quaisquer direitos do beneficiário).

IV. O **sistema jurídico** inglês passa assim a ser **dualista**, pela coexistência de regras de *common law* e regras de *equity*, geradas e aplicadas por tribunais reais diferentes, sem meio definido de compatibilização.

O conflito era portanto inevitável e veio a atingir o clímax em 1616, precisamente como consequência das soluções divergentes em matéria de *trust*. A intervenção do rei Jaime I determinou o reconhecimento das regras aplicadas pelo Tribunal da Chancelaria. A partir de então, a *equity* foi aceite pacificamente como sistema complementar do *common law*.

63. O período moderno (a partir de 1832)

I. Importante **reforma judiciária** é iniciada em 1832 através de sucessivos *Acts of Parliament*, os mais importantes dos quais são os *Judicature Acts* de 1873-75.

INTRODUÇÃO AO DIREITO COMPARADO

As alterações de maior relevo inciciram sobre os seguintes pontos:

1ª – Os tribunais reais foram reorganizados, constituindo-se um único *Supreme Court of Judicature*, formado pelo *Court of Appeal*, tribunal de recurso então criado, e pelo *High Court of Justice*, subdividido do seguinte modo:

> *Queen's Bench Division*
> *Common Pleas Division*
> *Exchequer Division*
> *Chancery Division*
> *Probate, Divorce and Admiralty Division.*

As quatro primeiras divisões eram sucessoras dos tribunais reais anteriormente referidos; a quinta foi o resultado da fusão dos tribunais eclesiásticos e marítimo.

2ª – Institucionalizou-se o *Appellate Commitee* da Câmara dos Lordes; este evento, conjuntamente com a criação do *Court of Appeal*, permitiu estabelecer um sistema claro de recursos.

3ª – Foi eliminada a distinção entre tribunais de *common law* e tribunais de *equity*. O encaminhamento para as divisões do *High Court of Justice* em conformidade com a sua especialização não impedia a aplicação, alternativa ou cumulativa, no mesmo processo de soluções de *common law* e de *equity*.

4ª – Procedeu-se à reforma do sistema de *writs*, através da adopção de um só *writ of summons* (equivalente à citação) e da abolição das *forms of action*. A reforma processual não impediu todavia a sua efectiva subsistência na conformação dos institutos jurídicos, de tal modo que, ainda em 1936, Maitland escrevia: *"The forms of action we have buried, but they still rule us from their grave"*.

II. Outra assinalável evolução no período moderno consiste na **crescente relevância da legislação**, já que anteriormente a jurisprudência (*case law*) era fonte de direito quase exclusiva.

A tradicional resistência em utilizar a lei (*statute, act of Parliament*) como meio de produção jurídica (que se entendia ser fundamentalmente função dos tribunais) sofreu – porventura por influência de Bentham – alguma quebra já nos finais do século XIX. São dessa época importantes leis, no âmbito do direito comercial, como o *Bill of Exchange Act 1882*, e o (primeiro) *Sale of Goods Act 1893*.

Mas foram as necessidades da política do *welfare state* que, após o termo da 2ª Guerra Mundial, impuseram a via legislativa como instrumento insubstituível para a reforma de certas instituições sociais.

A atenção concedida à legislação e o reconhecimento do interesse em promover um certo modelo de codificação explicam a criação, em 1965, da *Law Commission*, cuja competência consiste precisamente na preparação de projectos de reforma legislativa, que, na maior parte, têm sido efetivamente aprovados.

Também a adesão do Reino Unido às Comunidades Europeias, em 1973, tem contribuído para o aumento dos textos legais, visto que só por esta via é possível proceder à transposição das diretivas da União Europeia.

III. O *Constitutional Reform Act 2005* representou uma mudança profunda na conceção da quase milenar organização judiciária inglesa, embora com implicações práticas relativamente reduzidas.

A principal alteração consiste na afirmação da independência do poder judicial face ao poder legislativo, com a criação do *Supreme Court of the United Kingdom*, que veio substituir o *Appellate Commitee* da Câmara dos Lordes como tribunal de última instância.

O *Supreme Court* é totalmente separado da *House of Lords*, quer em termos funcionais quer logísticos.

§ 20º ORGANIZAÇÃO JUDICIÁRIA E SISTEMA DE RECURSOS

64. Caraterísticas gerais

I. A organização judiciária inglesa não tem a estrutura lógica e quase geométrica que se encontra nos sistemas romano-germânicos estudados. Nestes, as revoluções liberais e as subsequentes Constituições marcaram ruturas com o passado de que resultaram a separação de poderes e a recriação programada de sistemas judiciários, concebidos para a aplicação da lei.

A Inglaterra não conheceu um fenómeno histórico equivalente à Revolução Francesa e continua a não dispor de uma Constituição escrita, encarando os tribunais como centros de legitimação do direito. A evolução fez-se por adaptações parcelares e sucessivas, que deixaram sempre resíduos do passado e guardaram a tradição prestigiada dos tribunais reformados.

Esta forte influência histórica explica alguns aspetos que ao jurista continental poderão parecer exóticos, em especial, as designações dos tribunais, as assimetrias da sua organização e a distribuição das competências.

II. No sistema judiciário inglês, a primeira grande classificação a considerar é aquela que separa **tribunais superiores** (*superior courts*) e **tribunais inferiores** (*inferior courts*) – ou tribunais de "Alta Justiça" e de "Baixa Justiça", na designação proposta por René David.

Tribunais superiores são o *Supreme Court of the United Kingdom* e os *Senior Courts of England and Wales*, nova denominação, desde a reforma de 2005, do *Supreme Court of Judicature*.

Os tribunais superiores não são apenas tribunais de recurso, porque alguns deles decidem ora em recurso ora em 1ª instância. As suas decisões têm em comum o efeito de gerar precedente vinculativo, nos termos que adiante se analisarão.

III. Tribunais inferiores são os *county courts* e os *magistrates' courts*, tribunais de primeira instância com competência para julgar questões civis e criminais de menor importância e complexidade. O seu grande número e a simplicidade do processo constituem o segredo para o descongestionamento dos tribunais superiores ingleses, libertos para o julgamento dos casos mais importantes.

IV. Na sequência do *Constitutional Reform Act 2005*, o *Courts and Enforcement Act 2007* integrou na organização judiciária inglesa os *tribunals* (que eram órgãos de natureza híbrida com competência em matéria fiscal, social e económica), como órgãos de natureza jurisdicional com competência para resolver litígios em áreas específicas.

A estrutura compreende o *First-tier Tribunal*, com competências distintas, ligadas essencialmente à impugnação de decisões de órgãos administrativos, e o *Upper Tribunal*, que conhece dos recursos interpostos das decisões do *First-tier Tribunal* em matéria de direito e executa as suas decisões.

O *First-tier Tribunal* divide-se em seis câmaras: *The General Regulatory Chamber; Health, Education and Social Care Chamber; Immigration and Asylum Chamber; Social Entitlement Chamber; Tax Chamber; War Pensions and Armed Forces Compensation Chamber.*

V. Nos direitos anteriormente estudados, os tribunais tendem a distribuir-se numa espécie de pirâmide, em que o número de tribunais se vai gradualmente reduzindo à medida que se sobe na escala hierárquica. Diferente é o desenho da estrutura dos tribunais ingleses que mais se aproxima de um T invertido: a base é preenchida por um elevado número de tribunais inferiores e a haste é composta pelos tribunais superiores, ordenados em três escalões hierárquicos, cada um dos quais inclui um só tribunal com sede em Londres e jurisdição em todo o território (no primeiro escalão, há dois tribunais, mas a sua competência é diferenciada).

65. Tribunais superiores

I. O *Supreme Court of the United Kingdom* é a última instância de recurso de decisões proferidas, em matéria cível, por todos os tribunais do Reino Unido e, em matéria criminal, pelos tribunais de Inglaterra, País de Gales e Irlanda do Norte (não é portanto, como aqueles que a seguir se vão referir, um tribunal "inglês").

O *Supreme Court* é composto por 12 *Justices of the Supreme Court*, designação assumida pelos juízes deste tribunal, tendo tido como primeiro presidente Lord Phillips.

II. Os mesmos juízes participam também no *Judicial Commitee of Privy Council*, que emite pareceres não vinculativos, mas geralmente acatados, em relação a decisões tomadas por tribunais das Ilhas do Canal, da Ilha de Man, das subsistentes colónias inglesas e de alguns países independentes que pertenceram à *Commonwealth* (por exemplo, Nova Zelândia, Singapura e Gâmbia). Neste último caso, o *Judicial Commitee* é geralmente assistido por um juiz ou por outro eminente jurista do país onde foi proferida a sentença em apreciação.

III. Os *Senior Courts* compreendem:

– o **Court of Appeal**, tribunal de recurso constituído pela *Civil Division* e pela *Criminal Division*,
– o *High Court of Justice* e
– o *Crown Court*.

IV. O **High Court of Justice** é um tribunal civil com competência para o julgamento em 1ª instância das questões que não sejam da competência dos tribunais inferiores e também para o recurso de algumas das decisões proferidas por estes.

A sua sede é em Londres (no *Strand*), mas está hoje descentralizado em diversos centros de julgamento, onde intervêm juízes aí residentes ou se deslocam juízes "em circuito".

É composto atualmente apenas por três divisões. A separação corresponde a uma especialização tendencial, mas não impede que qualquer delas possa decidir em matéria afeta, em princípio, a outra divisão nem obsta à aplicação no mesmo processo de regras de *common law* e de *equity*. Essas divisões são:

– a *Chancery Division*, que decide, em 1ª instância, ações em que predomine a aplicação de *equity*, tais como as relativas a *trust* e a direito das sociedades; em recurso, aprecia decisões sobre falência;
– a *Family Division*, que, em 1ª instância, julga designadamente ações de divórcio litigioso, de adoção e de direito sucessório e, em recurso, ações do âmbito do direito da família decididas em 1ª instância por tribunais inferiores;
– a *Queen's Bench Division*, que, tendo vocação residual, decide principalmente assuntos de responsabilidade civil contratual e extracontratual (*torts*), em 1ª instância ou em recurso conforme o valor da causa; a intervenção do júri é restrita a um conjunto muito limitado de situações; integra ainda o *Admiralty Court* e o *Commercial Court*, especializados em questões de direito comercial e de direito marítimo.

V. O **Crown Court** foi criado em 1971, recebendo a competência criminal que até então pertencia a vários tribunais. Julga, em 1ª instância, os crimes mais

INTRODUÇÃO AO DIREITO COMPARADO

graves. Quando o réu declara estar inocente, o julgamento da matéria de facto pertence a um júri que, salvo algumas exceções, é composto por doze pessoas e decide por unanimidade. O *Crown Court* conhece também recursos interpostos de decisões proferidas por tribunais inferiores em matéria criminal.

Apesar de ser um tribunal uno, o *Crown Court* funciona de modo descentralizado, à semelhança do *High Court of Justice*. Em Londres, toma a designação de *Central Criminal Court*, conhecido por *Old Bailey*, nome do lugar onde está instalado.

66. Tribunais inferiores

I. Os *county courts* foram criados em 1846. São cerca de 200 e decidem litígios de natureza civil. A sua competência abrange casos da mesma natureza dos que são julgados pelo *High Court of Justice* (v. g. contratos, responsabilidade civil, *trusts*, falência, direito sucessório), desde que o seu valor seja inferior a determinado montante, fixado em função da matéria em causa. Julga ainda certas ações no âmbito do direito da família, como divórcios não contestados.

II. Os *magistrates' courts* são tribunais (aproximadamente 330) onde servem cerca de 30 000 *Justices of Peace*. Têm competência para a decisão de pequenos delitos, assegurando aproximadamente 95% dos casos criminais. Em matéria civil, têm intervenção na cobrança de certas dívidas e na solução de questões de família que não exijam especiais conhecimentos técnicos (como as relativas ao poder paternal e a alimentos). Das suas decisões cabe sempre recurso, embora cerca de 90% dos processos criminais terminem num destes tribunais.

67. Sistema de recursos

I. Das sentenças dos *magistrates' courts* cabe recurso para o *Crown Court* ou para o *High Court of Justice* (*Family Division*), conforme se trate de matéria criminal ou cível.

Para o recurso das decisões dos *county courts* é competente o *Court of Appeal* (*Civil Division*), exceto em processos de falência em que a competência pertence ao *High Court of Justice* (*Chancery Division*).

Das sentenças dos *tribunals* cabe recurso para o *Court of Appeal* (*Civil Division*).

II. Das decisões de qualquer das divisões do *High Court of Justice* pode recorrer-se para o *Court of Appeal* (*Civil Division*), mas, em certas circunstâncias, é também admissível o recurso direto (chamado *leap-frog* – "salto de rã") para o *Supreme Court*.

Das sentenças de condenação proferidas pelo *Crown Court* pode o réu recorrer, em matéria de direito, para o *Court of Appeal* (*Criminal Division*), cujo assentimento é necessário para que seja também apreciada matéria de facto. A possibilidade de recurso pela acusação pública é muito limitada.

III. O *Supreme Court* conhece recursos de decisões do *Court of Appeal* e, em caso de *leap-frog*, diretamente do *High Court of Justice*. É também a última instância de recurso em processos julgados pelos tribunais escoceses e da Irlanda do Norte.

Os recursos só são admitidos se for obtida permissão do tribunal recorrido ou do próprio *Supreme Court*, que é concedida quando se entender que o caso envolve uma questão de direito de importância geral e pública. No ano judicial de 2010/11, foram julgados pelo *Supreme Court* apenas 80 casos, a que se podem juntar os 42 casos tratados pelo *Judicial Committee of the Privy Council*.

As decisões são restritas à matéria de direito e, quando o recurso seja julgado procedente, contêm decisão final. Trata-se portanto de um sistema de substituição.

§ 21º PROFISSÕES JURÍDICAS

68. *Barristers* e *solicitors*

I. Em vez da dualidade magistrados-advogados, os profissionais forenses ingleses dividem-se em *barristers* e *solicitors*, cujas funções específicas correspondem, em conjunto, às exercidas pelos advogados nos sistemas jurídicos continentais. Não há em Inglaterra carreiras autónomas de magistrados, porque os juízes são geralmente nomeados de entre os *barristers* e não existe Ministério Público.

II. A função central e específica dos **barristers** consiste em pleitear (*pleading*) nos tribunais superiores, participando nas audiências de julgamento em defesa dos interesses de uma das partes. De acordo com a tradição, não têm contacto direto com clientes, sendo a ligação assegurada pelos *solicitors*.

Além disso, os *barristers* são geralmente especialistas em certas matérias e, nessa qualidade, consultados sobre assuntos complexos de direito. Alguns são autores de obras doutrinárias ou professores de direito.

São atualmente cerca de 15 000 e estão organizados em quatro associações profissionais (*Inns of Court*), todas com sede em Londres.

III. Os **solicitors** têm funções mais diversificadas. Tradicionalmente só nos tribunais inferiores podiam exercer a plenitude das funções de advogado. Nos tribunais superiores, preparavam o processo, obtendo elementos junto do cliente para posterior apresentação ao *barrister* escolhido para pleitear o caso. A exclusividade dos *barristers* para o exercício desta função foi todavia perturbada a partir da vigência do *Courts and Legal Services Act 1990*.

Para além do trabalho em tribunal, os *solicitors* redigem testamentos e contratos (em especial, contratos relativos à transferência de propriedade), asseguram a gestão de *trusts* e prestam aconselhamento jurídico aos clientes.

O seu número ronda os 120 000 e estão organizados numa única associação profissional, a *Law Society*, também com sede em Londres.

69. Formação dos juristas

Na tradição inglesa, a formação dos profissionais do direito faz-se em exercício, não estando ligada às universidades.

Tal como nos países de sistema romano-germânico, as universidades inglesas ensinavam direito romano e só muito tarde (século XIX) passaram a lecionar matérias do direito nacional. A importância do direito romano naqueles sistemas jurídicos garantia porém alguma aplicação prática dos conhecimentos adquiridos na universidade. Em Inglaterra, pelo contrário, a autonomia quase total do *common law* em relação ao direito romano tornava em absoluto dispensável a frequência da universidade para o exercício de profissões jurídicas.

Ainda hoje a formação universitária não constitui requisito para o acesso às profissões forenses, embora o número dos juristas que a possuem venha gradualmente a aumentar. Os cursos de direito têm geralmente a duração de 3 anos.

Com ou sem estudos universitários em direito, a formação para acesso a qualquer das profissões é feita sob a supervisão de algum dos *Inns of Court* ou da *Law Society*, conforme de destine à profissão de *barrister* ou de *solicitor*. A admissão de candidatos depende porém da prévia aprovação em cursos de índole prática com a duração de um ou dois anos em que são lecionadas matérias consideradas nucleares.

70. Recrutamento e estatuto dos juízes

I. Até 1990, os juízes dos tribunais superiores eram recrutados exclusivamente entre *barristers* com um mínimo de dez anos de experiência na profissão. Os juízes dos *county courts* eram geralmente selecionados também entre *barristers*, embora se admitisse igualmente a nomeação de *solicitors*.

O *Constitutional Reform Act 2005* criou uma entidade independente, a *Judicial Appointments Commission*, com competência no processo de seleção dos juízes. Formalmente, os juízes dos tribunais superiores e dos *county courts* são nomeados pela rainha, na sequência de recomendação da Comissão ao *Lord Chancellor*.

Após a sua nomeação continuam a pertencer à associação profissional de origem, o que não prejudica a sua reconhecida independência, de direito e de facto.

II. Os *justices of peace*, ou *lay magistrates*, que servem nos *magistrates' courts* são, em geral, "leigos", isto é, pessoas sem formação jurídica, com as mais diversas profissões e ocupações. Desempenham, em princípio, as suas funções em tempo parcial e sem qualquer remuneração, atraídos pelo prestígio da função.

Só para alguns tribunais de maior movimento são nomeados *stipendiary magistrates*, escolhidos entre *barristers* ou *solicitors*, que trabalham em tempo integral e são remunerados.

Os *justices of peace* são nomeados pelo *Lord Chancellor*, por indicação de comissões locais para o efeito constituídas.

§ 22º FONTES DE DIREITO

71. Elenco e hierarquia

I. Em paralelo com a classificação das fontes de direito em imediatas e mediatas, que está generalizada nos sistemas romano-germânicos, vários autores ingleses distinguem entre fontes de direito **principais** e **subsidiárias**.

Fontes de direito principais são:

- a **lei** (*statute*, *statutory law* ou *legislation*) e
- a **jurisprudência** (*case law*, por vezes também designada por *common law*, num sentido restrito em que esta expressão se opõe a *statutory law*).

Fontes de direito subsidiárias são:

- o **costume** (*custom*) e
- a **doutrina** (*doctrine*, *books of authority*).

II. O *case law* tem sido e continua a ser considerado como a principal fonte de direito, no sentido de ser o modo "normal" de produção e de revelação do direito. Mas, na linha hierárquica, a lei foi sempre a primeira das fontes de direito, visto que tem eficácia revogatória em relação ao precedente jurisprudencial, enquanto este pode apenas interpretar mas não revogar a lei.

72. O valor atual da distinção entre *common law* e *equity*

Apesar de, no final do século XIX, os *Judicature Acts* terem eliminado a separação entre os tribunais que aplicavam *common law* e a *Chancery*, único tribunal que aplicava regras de *equity*, não se pode dizer que a distinção tenha desaparecido. Continua a ser um critério de divisão do direito inglês, comparada por alguns à oposição direito público-direito privado que não pertence à tradição anglo-saxónica.

A *equity* é hoje formada por um conjunto de regras (e é também uma disciplina jurídica) cuja origem radica naquelas que, no passado, foram geradas pelo tribunal da Chancelaria. Os seus campos preferenciais de aplicação são a regulação do *trust* e certas soluções, no âmbito do incumprimento dos contratos, como a *specific performance* e as *injunctions*.

INTRODUÇÃO AO DIREITO COMPARADO

A sua autonomia institucional revela-se num conjunto de princípios expressos em máximas como as seguintes:

– *equity acts in personam*;
– *equitable remedies are discretionary*;
– *he who comes into equity must come with clean hands*.

A compatibilização com as regras de *common law* está assegurada pelo princípio segundo o qual a *equity* não contraria, antes completa e aperfeiçoa, o *common law* (*equity follows the law*) e pela possibilidade de aplicação, alternativa ou conjunta, por qualquer tribunal e no mesmo processo, de regras dos dois sistemas. A subsistência no *High Court of Justice* de uma *Chancery Division* explica-se apenas por razões de especialização.

§ 23º A JURISPRUDÊNCIA

73. A doutrina do precedente (regras do precedente vinculativo)

I. A atitude de ***stare decisis***, isto é, o princípio segundo o qual um caso presente deve ser julgado como foram julgados casos anteriores semelhantes, esteve na base da formação do direito inglês. Foi segundo este processo que os tribunais reais construíram as normas de *common law*, primeiro, e as da *equity*, depois. Então como hoje, os juízes ingleses, para saber como vão julgar (*What should we do this time?*), perguntam-se sobre o modo como anteriormente julgaram (*What did we do last time?*).

Mas só no século XIX, com a reorganização dos tribunais superiores, foram criadas as condições para a formulação clara das regras vigentes sobre o **precedente vinculativo** (*doctrine of binding precedent*).

II. A aplicação dessas regras pressupõe, antes de mais, uma técnica de partição e análise das sentenças, que, não sendo exclusiva dos direitos de *common law*, é, nestes, essencial para a descoberta e aplicação do direito jurisprudencial.

Para o efeito, qualquer sentença se divide em quatro partes:

– os factos (provados);
– *obiter dicta*;
– *ratio decidendi*;
– decisão.

III. A ***ratio decidendi*** (razão de decidir) tem sido definida (ou descrita) de vários modos:

– qualquer regra de direito explícita ou implicitamente considerada pelo juiz como passo necessário para chegar à decisão (Cross).

– proposição de direito que decide o caso em função dos factos relevantes (*material facts*) (Zander);
– argumento de direito que foi decisivo para a resolução do caso (Castro Mendes).

A *ratio decidendi* é **argumento** no raciocínio do autor da sentença, porque nela se baseia a conclusão. Nesse sentido se pode dizer que é a premissa maior do silogismo judiciário (Cross), em que os factos são a premissa menor e a decisão é a conclusão.

Mas é igualmente **regra de direito**, porque é essa a natureza dos argumentos próprios para conduzir à decisão judicial num caso concreto.

IV. ***Obiter dicta*** são "afirmações a propósito" (*statements by the way*), regras ou outras considerações que não foram decisivas na conclusão ou que se não reportam aos factos relevantes. Podem ser designadamente regras relativas a factos hipotéticos, princípios ou regras mais amplas do que as aplicáveis ao caso concreto.

Na análise de uma sentença para eventual utilização como precedente devem separar-se os *obiter dicta* da *ratio decidendi*, porque só esta constitui precedente vinculativo. Os *obiter dicta* terão, quando muito, influência meramente persuasiva.

V. Desde que se verifiquem os requisitos adiante analisados, **precedente vinculativo é a regra de direito que constituiu a *ratio decidendi* de um caso anterior semelhante**. Não é por isso rigoroso referir uma sentença como precedente, porque este decorre apenas da sua *ratio decidendi* e não da sentença no seu todo.

A semelhança entre o caso anterior e o caso *sub judice* afere-se pela **comparação entre factos**. Se os factos considerados relevantes na decisão anterior forem análogos aos factos relevantes no caso presente, a *ratio decidendi* da sentença anterior constitui precedente para a decisão a tomar, impondo-se a aplicação da mesma regra de direito.

A semelhança entre o caso anterior e o atual nem sempre é fácil de determinar, porque pode não ser claro quais sejam os *material facts* de um e de outro caso e se existe ou não suficiente semelhança entre eles. É frequente que a divergência entre as partes consista precisamente na aplicabilidade de um ou de outro precedente.

A chamada técnica das **distinções** (*process of distinguishing*) consiste em demonstrar que, apesar da aparente semelhança entre um caso anterior e o caso *sub judice*, há que distinguir entre os factos relevantes dos dois casos, não havendo lugar à aplicação da regra contida em caso anterior invocado por uma das partes.

VI. A *ratio decidendi* não está geralmente formulada de modo totalmente explícito. Tem de ser descoberta por interpretação da sentença em que se insere, através da relação entre os factos e a decisão, com o eventual auxílio de frases da sentença onde aflore a expressão da regra jurídica aplicada.

Nos direitos romano-germânicos, a controvérsia sobre as questões de direito tende a centrar-se na discussão sobre a norma legal aplicável e o sentido desta. Nos direitos de *common law*, a controvérsia correspondente incide sobre a seleção do caso anterior donde se há de extrair a *ratio decidendi* e sobre o modo como esta deve ser enunciada.

Na mesma decisão podem ser aplicadas, em concurso, várias regras de direito, que, nos direitos romano-germânicos, são normalmente reportadas a diferentes preceitos legais. Em situação paralela, nos direitos de *common law*, atender-se-á a uma pluralidade de precedentes, sendo cada um deles escolhido em conformidade com a semelhança fáctica relevante para a respetiva questão de direito.

VII. O caráter vinculativo do precedente depende ainda da **natureza do tribunal** que proferiu a sentença onde se insere a *ratio decidendi* e da **relação hierárquica** entre esse tribunal e aquele perante o qual se apresenta o litígio atual. Assim:

– só são vinculativos os precedentes de sentenças proferidas por **tribunais superiores**; as sentenças dos tribunais inferiores só podem originar precedentes de caráter meramente persuasivo.

– os precedentes oriundos de decisões do *Supreme Court* vinculam todos os tribunais ingleses, com exceção do próprio *Supreme Court*;

– os precedentes contidos em sentenças do *Court of Appeal* vinculam os tribunais hierarquicamente inferiores e, exceto em matéria criminal, o próprio *Court of Appeal*;

– os precedentes extraídos de sentenças do *High Court of Justice* vinculam os tribunais inferiores e o próprio tribunal, quando a sentença tenha sido proferida em recurso;

– os precedentes extraídos de sentenças do *Crown Court* só em situações limitadas e imperfeitamente definidas são vinculativos para os tribunais inferiores e para o próprio tribunal.

VIII. A doutrina do precedente admite algumas **exceções**, as mais importantes das quais derivam das duas hipóteses seguintes:

– a existência de dois precedentes inconciliáveis dotados da mesma autoridade (em consequência de a segunda sentença ter ignorado a primeira);

– sentença emitida *per incuriam*, isto é, obviamente errada por não ter tomado em conta normas aplicáveis ao caso.

SISTEMAS JURÍDICOS DE *COMMON LAW*

IX. Não se verificando nenhuma destas exceções e reunidos os requisitos anteriormente indicados, basta **uma só decisão** para constituir precedente vinculativo e não há qualquer limite quanto ao tempo em que foi proferida. Em teoria, pode ainda hoje ser invocado o precedente contido numa só sentença de um tribunal real datada dos seus primórdios medievais.

A doutrina chama todavia a atenção para as diferenças de **peso** de cada um dos precedentes (Zander), que é tanto maior quanto mais elevada for a posição hierárquica do tribunal donde provém, a reputação dos juízes que intervieram na sentença, a proximidade temporal, a inexistência de votos de vencido, a compatibilidade com outras regras jurídicas e a sua efetiva aplicação em casos posteriores.

74. O estilo das sentenças

As sentenças dos tribunais superiores ingleses em que participa mais do que um juiz são geralmente constituídas por *speeches* ou *opinions* formuladas em separado por cada um dos julgadores. A decisão do tribunal forma-se através da verificação do sentido maioritário das conclusões, podendo todavia os fundamentos divergir parcialmente.

Os textos são normalmente extensos, com pormenorizada e impressiva descrição dos factos e profunda análise da matéria de direito. Abundam naturalmente as referências a casos anteriores através de citações e transcrições por vezes extensas.

Quer na solução quer na argumentação pressente-se a consciência de que, por via do precedente vinculativo, a decisão atual servirá de modelo para casos futuros.

75. Publicação das sentenças

I. Uma regra de direito só pode ser invocada se for conhecida. Por isso, a efetividade da aplicação de precedentes com condições para serem vinculativos depende da publicação das sentenças donde possam ser extraídos.

A tradicional atitude inglesa de *stare decisis* determinou que desde muito cedo houvesse a preocupação de dar a conhecer as sentenças dos tribunais reais.

Num primeiro período (1283-1535), surgiram os *year books*. Escritos em *anglo-french* e de autoria por vezes anónima, tinham mais a natureza de guias processuais do que de verdadeiro reportório de sentenças.

A publicação sistemática de sentenças dos tribunais reais começa com o (chamado) período dos *private reports* (1536-1865). Estes eram escritos em inglês e publicados por iniciativa de qualificados juízes, sendo, por isso, mais elaborados.

O **período moderno** inicia-se em 1865 com a criação do *Council of Law Reporting* que promove a publicação de 4 séries chamadas *Law Reports*, divididas conforme a origem das sentenças. Embora não se trate de publicações oficiais, são encaradas como registos dotadas da máxima autoridade. Além destas, há outras publicações periódicas (como os *English Law Reports*) que merecem credibilidade.

INTRODUÇÃO AO DIREITO COMPARADO

II. Estas edições não integram todas as sentenças dos tribunais superiores. Em consequência, o corpo efetivo das sentenças suscetíveis de serem invocadas como base de precedente é circunscrito àquelas que estão publicadas.

Ora, para além dos textos antigos que se perderam, há decisões que, por força da tradição, raramente se publicam (por exemplo, as do *Crown Court* em recurso de sentenças dos *magistrates' courts*). De qualquer modo, toda a seleção – por mais idónea que seja a sua fonte – não pode deixar de refletir o critério de quem a organiza.

76. O precedente e a evolução do direito jurisprudencial

I. Se *stare decisis* significa decidir do mesmo modo que antes se decidiu, julgar-se-ia, à primeira vista, que a doutrina do precedente conduziria ao imobilismo do direito jurisprudencial. Pode ser por isso surpreendente que o direito inglês evolua e mostre até grande capacidade de adaptação a novas condições e conceções sociais.

Uma primeira possibilidade de mudança deriva da **revogação** de normas jurisprudenciais **por normas legais**. Mas há também instrumentos técnico-jurídicos de natureza judiciária que viabilizam a evolução.

Como se costuma dizer, a doutrina do precedente não funciona de modo puramente mecânico, como se fosse uma *"slot-machine"*. O sistema contém em si próprio virtualidades que compensam a aparente rigidez.

II. A partir de 1966, a Câmara dos Lordes, atualmente substituída pelo *Supreme Court*, deixou de se considerar vinculada aos precedentes oriundos das suas próprias decisões anteriores. Naquela data a regra contrária foi abolida, através de uma declaração (***Practice Statement***) que abriu, no topo do sistema, uma verdadeira "válvula de escape". Refira-se porém que o uso desta faculdade tem sido feito com moderação (apenas em oito casos, nos primeiros vinte e cinco anos), especialmente porque se procura evitar a inevitável eficácia retroativa derivada da revogação de uma norma em momento coincidente com o da sua aplicação.

III. A lógica da doutrina do precedente permite e implica um outro meio normal de revogação (***overruling***), que consiste na alteração da norma jurisprudencial por um tribunal hierarquicamente superior àquele que proferiu, em caso anterior, a sentença de onde emana o precedente até então observado. Por exemplo, uma regra contida em sentença do *High Court of Justice* pode vir a ser livremente alterada pelo *Court of Appeal* para o qual aquele precedente tem valor meramente persuasivo.

IV. Além destes meios de revogação direta e clara de precedentes, outros conduzem, por forma oblíqua, a resultados próximos ou equivalentes.

Em primeiro lugar, as regras jurisprudenciais estão sujeitas a sucessivos **esclarecimentos** através da sua interpretação em sentenças que as aplicam e que, por sua vez, podem também fundamentar precedente vinculativo sobre a mesma questão de direito.

Apesar de uma só decisão ser suficiente para constituir precedente vinculativo, a clareza da regra e a sua aceitação podem ser reforçadas pela repetição e desenvolvimento subsequentes. Mas pode efetivamente suceder que tais esclarecimentos constituam reais mutações na regra tal como foi inicialmente formulada e interpretada.

Em segundo lugar, a **técnica das distinções** pode servir como verdadeira **ficção** para afastar a aplicação de um precedente, abrindo o espaço à inovação.

Por último, há casos sem precedente ou inovadores (*leading cases*) em que os juízes fundamentam a decisão de modo mais ou menos vago, invocando princípios jurídicos, recorrendo a considerações de razoabilidade ou limitando-se, pura e simplesmente, a afirmar que é essa a solução "segundo o direito inglês".

77. Fundamento e natureza da regra do precedente

I. Segundo a explicação clássica, que vem já de Blackstone, os juízes em caso algum criam direito, antes aplicam direito preexistente (**teoria declarativa**). A esta opõe-se a **teoria constitutiva** que reconhece o papel verdadeiramente criativo dos tribunais (*judge made law*).

A teoria declarativa adapta-se ao princípio da separação dos poderes, evita a crítica da retroatividade do direito jurisprudencial e corresponde à atitude que, mesmo em sistemas de *common law*, mais agrada aos juízes: participar na criação do direito, mas acomodar o seu discurso à função de quem apenas o aplica.

A análise realista da doutrina do precedente torna bem claro que a teoria declarativa não passa de ficção. Quando a regra aplicada não tenha natureza legal, a sua origem é, no direito inglês, quase sempre jurisprudencial, porque foi formulada pela primeira vez numa sentença judicial. É lógica e historicamente impossível que um precedente seja sempre precedido de outro precedente!

Quando o método de produção de regras jurídicas (*law-making process*) se carateriza pela sua evolução "caso a caso" (*case to case*), a sua explicação adequada só pode ser a da teoria constitutiva. Para o demonstrar em relação ao direito inglês, bastará ter em conta os *leading cases* (designadamente as decisões inovadoras da Câmara dos Lordes, até 2009, ou, desde então, do *Supreme Court*), o recurso à técnica das distinções (quando fictício) e os sucessivos esclarecimentos introduzidos nos precedentes, situações em que melhor se evidencia a intervenção dos tribunais na criação e modificação de regras de direito.

II. Deve portanto concluir-se que as *rationes decidendi* que constituem prece-dente vinculativo são regras jurídicas de natureza jurisprudencial.

Não são costume, porque não consistem em práticas reiteradas dos seus potenciais destinatários. Não são sequer costume jurisprudencial, porque a sua eficácia se satisfaz com a enunciação por uma só vez.

§ 24º A LEI

78. Função da lei no sistema jurídico e competência legislativa

I. A lei era, na visão tradicional inglesa, um meio relativamente anormal de produção do direito.

A competência legislativa pertencia apenas ao Parlamento. A intervenção deste era escassa e dirigia-se principalmente a corrigir e a completar o *case law*, quando as suas regras fossem sentidas como inadequadas ou lacunares.

Esta situação alterou-se nos últimos decénios pelas razões já antes referidas.

II. Por um lado, o Parlamento produz cada vez mais textos legislativos. Por outro lado, o fenómeno da "governamentalização" da função legislativa também se verifica no Reino Unido, através da prática crescente de atribuição pelo Parla-mento ao Governo de competência delegada para legislar (*delegated legislation*).

III. Não existindo uma Constituição formal escrita, não há também controlo da constitucionalidade das leis.

79. Matérias abrangidas e técnica legislativa

I. As **matérias abrangidas** pela legislação são as mais variadas. Algumas per-tencem ao domínio das que, por natureza, estão excluídas do *case law* (direito da Administração Pública, direito fiscal, direito social, direito económico), bem como as que correspondem à transposição de diretivas da União Europeia).

Mas o *statutory law* tem vindo igualmente a invadir o campo das regras jurí-dicas que eram tradicionalmente monopólio da criação jurisprudencial. Por exemplo, há atualmente regras legais sobre alguns contratos, sobre propriedade e até sobre o *trust* (embora não contenham a regulação completa dos institutos a que se referem).

II. A concentração legislativa em códigos (segundo a conceção romano--germânica) não é utilizada no direito inglês.

Apesar da sua denominação, não devem ser como tal qualificados os chama-dos ***codifying Acts***. Estes são textos legislativos que procuram traduzir em forma legal normas jurídicas de origem jurisprudencial anteriormente vigentes. Um dos mais antigos exemplos de aplicação desta técnica é o *Sale of Goods Act 1893*, onde é evidente que o resultado final não se limita nunca à mera complicação, sendo inevitável a influência do autor do projeto e da entidade que o aprova.

Outra técnica legislativa adotada no Reino Unido consiste na promulgação de leis (*consolidating Acts*) que, revogando em bloco uma só ou várias leis dispersas sobre determinada matéria, concentram num único texto normas substancialmente iguais às revogadas e normas inovadoras. É o caso, por exemplo, do *Sale of Goods Act 1979*, que, introduzindo alterações na correspondente lei de 1893, declarou formalmente a sua revogação integral.

80. Regras de interpretação

I. A visão tradicional inglesa sobre a função da lei, enquanto corpo (relativamente) estranho no sistema jurídico, continua a revelar-se no método de interpretação e sua repercussão no estilo de redação adotado.

As regras sobre a interpretação das leis foram formuladas pela jurisprudência. A regra básica continua a ser a *literal rule*, segundo a qual se deve atender ao sentido ordinário, gramatical ou literal das palavras.

Em consequência e com a finalidade de evitar ambiguidades, os *statutes* são redigidos de modo que ao jurista continental parecerá demasiadamente minucioso, repetitivo e mesmo prolixo. Cada lei inclui geralmente disposições que são verdadeiros glossários das palavras usadas no texto.

Para reduzir um pouco as limitações impostas ao intérprete pela *literal rule*, foi promulgado o *Interpretation Act 1889*, "consolidado" em 1978, donde constam regras permitindo, por exemplo, que o sentido de uma palavra no masculino ou no singular abranja também o feminino ou o plural.

II. A rigidez da *literal rule* é atenuada por outras duas regras clássicas de interpretação da lei:

– segundo a *golden rule*, o sentido literal pode ser afastado quando tal se mostre necessário para evitar um sentido absurdo ou contraditório;
– segundo a *mischief rule*, aplicável apenas quando a regra legal tenha tido por objetivo corrigir e revogar uma regra de *case law*, é permitido ao intérprete tomar em consideração esse objetivo.

III. Os métodos clássicos de interpretação da lei excluíam os elementos que na doutrina romano-germânica são conhecidos como histórico e teleológico (a não ser na estrita medida em que estão presentes na *mischief rule*).

Esta atitude radical vem sendo atenuada.

O acesso pelos tribunais aos *travaux préparatoires* produzidos no Parlamento (repare-se na utilização de uma expressão francesa, bem sintomática da sua estraneidade em relação à metodologia inglesa), que era tradicionalmente proibido, passou a ser admitido desde 1980.

Alguns juristas "atrevem-se" mesmo a fazer referência a um *purposive approach*, que se assemelha ao elemento teleológico.

Todavia a orientação dominante mantém o processo hermenêutico restrito às três regras clássicas, só admitindo o recurso a outros meios quando o texto legal a interpretar se relacione ou derive de tratado internacional ou de fonte de direito da União Europeia.

IV. Os resultados da interpretação de textos legais por um tribunal constituem um certo modo de entender, de formular e (eventualmente) de aplicar regras legais. Sempre que constituam a *ratio decidendi* de um caso concreto, formam **precedente** que poderá ser **vinculativo** se, e na medida em que, se verifiquem os requisitos necessários.

Deste modo, o *case law* invade também o domínio do *statutory law*, subtraindo aos tribunais competência para a interpretação de textos legais que tenham sido já objeto de anterior interpretação por outro ou pelo mesmo tribunal no âmbito de sentença donde se deva extrair precedente vinculativo.

§ 25º O COSTUME

81. Relevância como fonte de direito

Já se salientou que a atribuição ao *common law* de origem consuetudinária constitui uma ficção. O costume no direito inglês não tem, nem nunca teve, especial importância, a não ser porventura no âmbito dos direitos constitucional e comercial.

A falta de Constituição escrita tem sido parcialmente suprida pelas chamadas **convenções constitucionais,** que são práticas e usos de acordo com as quais se estabelecem alguns aspetos do funcionamento e das relações dos órgãos do poder político.

O *law merchant* é composto por práticas e usos comerciais a que alguns atribuem a natureza de costume.

Outras normas consuetudinárias são referidas como **costume local,** que só é reconhecido como fonte de direito quando seja **imemorial,** isto é, aceite pacífica e continuamente desde, pelo menos, 1189. Presume-se porém que esta circunstância se verifica quando não haja memória do início da prática e se não prove que a sua origem é posterior.

§ 26º A DOUTRINA

82. Relevância como fonte de direito

I. A doutrina tem no direito inglês uma influência significativamente menor do que nos direitos romano-germânicos. As principais razões para esta diferença residem na menor tradição universitária e na preponderância dos juízes na comunidade jurídica.

Os textos doutrinários cuja citação é suscetível de ser tomada em consideração como fonte de direito devem pertencer aos chamados **books of authority**, entre os quais se salientam os seguintes:

- *De legibus et consuetudinibus Angliae*, de Bracton, juiz do século XIII;
- *Institutes*, de Coke, juiz do século XVII;
- *Commentaries on the laws of England*, obra escrita no século XVIII por Blackstone, professor na universidade de Oxford, mais tarde juiz.

Outras obras podem ser acrescentadas a esta lista, como as de Pollok, professor que escreveu, já no século XX, sobre contratos e *torts* (responsabilidade civil delitual).

Até há muito pouco tempo, a nenhuma obra doutrinária podia ser reconhecida "autoridade" enquanto o seu autor fosse vivo!

II. Este panorama não impede que, embora em menor quantidade do que nos países continentais, a literatura jurídica inglesa atual evidencie elevada qualidade. De salientar são as monografias, quase sempre rigorosas e concisas, e revistas de índole genérica ou especializada onde não é invulgar descobrir artigos dotados de forte espírito criativo. A autoria de umas e de outros pertence geralmente a *barristers* e a professores universitários.

§ 27º A DESCOBERTA DO DIREITO APLICÁVEL

83. A omnipresença do precedente jurisprudencial

I. Para um jurista inglês, a descoberta do direito consiste geralmente na **descoberta de um ou mais precedentes vinculativos** que sejam aplicáveis ao caso concreto. Este objetivo realiza-se através da procura laboriosa de sentenças proferidas em casos análogos, das quais se hão de extrair as *rationes decidendi*, que constituem normas puramente jurisprudenciais ou que revelam a interpretação vinculativa de normas legais.

A interpretação da lei, empreendida diretamente sobre o texto e livremente desligada de precedentes jurisprudenciais, está, em princípio (e salvo o poder de desvinculação do *Supreme Court*), reservada para os casos em que seja aplicada pela primeira vez ou em que aplicações anteriores tenham ocorrido em tribunais de categoria inferior ao do caso *sub judice*.

II. A expressão "lacuna da lei" não faz sentido no direito inglês. O sistema jurídico é composto essencialmente por normas jurisprudenciais e legais, continuando a ser aquelas, apesar da evolução recente, o modo comum e "normal" de produzir e revelar o direito.

Em caso algum é admissível o recurso à aplicação analógica de uma norma legal, cujo campo de aplicação está rigorosamente circunscrito à sua própria previsão, interpretada como se todas as regras legais fossem excecionais.

Se uma situação não está regulada por norma jurisprudencial ou legal, dir-se-ia (em linguagem própria dos sistemas romano-germânicos) que há lacuna do direito, cujo preenchimento se não processa por nenhum método bem definido. Os *leading cases* resolvem-se por inovação jurisprudencial, sendo a solução ditada por critérios de razoabilidade, dentro do conjunto de princípios que emergem de normas anteriormente fixadas.

III. Na aplicação do direito inglês, deve também tomar-se em consideração que continua a ser atual a ideia de precedência do direito adjetivo sobre o direito substantivo, expressa pela máxima *no remedy no right*. A abolição, no século passado, das *forms of action* não erradicou a tendência para encarar o direito como um conjunto de regras que essencialmente se destina à decisão de litígios em tribunal e cuja aplicabilidade depende por isso da existência de meios processuais concretos para a sua viabilização.

Secção II
Direito dos Estados Unidos da América

§ 28º FORMAÇÃO DO DIREITO NORTE-AMERICANO

84. Período colonial (1607-1776)
I. A colonização inglesa no território do futuro estado norte-americano iniciou-se em 1607 na Virginia. Em 1732, existiam 13 colónias. A população que as constituiu tinha origens diversas com predomínio de comerciantes aventureiros e dissidentes religiosos provindos da Inglaterra.

De acordo com o princípio estabelecido no *Calvin's case*, logo em 1608, o *common law* aplicava-se aos cidadãos ingleses que se tivessem fixado nos territórios coloniais, na medida em que as suas regras fossem adequadas às condições de vida aí existentes.

II. Todavia, numa primeira época, que coincide aproximadamente com o século XVII, foi escassa a aplicação efetiva deste direito, pelo seguinte conjunto de razões:

- eram raros os profissionais do direito;
- era muito difícil o acesso às compilações de jurisprudência;
- entre muitos dos colonos, em especial os que tinham emigrado para fugir a perseguição religiosa, havia um sentimento de desconfiança em relação ao direito inglês;
- uma parte significativa dos colonos não era de origem inglesa;
- a situação nos territórios coloniais (por exemplo, em relação à propriedade fundiária) era frequentemente incompatível com os pressupostos do *common law*.

Nesta época, o direito era portanto incerto e as decisões discricionárias. Apesar de, em algumas colónias (Massachussetts, 1648; Pennsylvania, 1682), terem surgido "códigos" de estrutura primitiva, a Bíblia conta-se entre as mais importantes referências para a decisão de litígios. Em termos caricaturais, pode dizer-se, com Roscoe Pound, que o principal fator de formação do direito americano foi a ignorância...

III. Numa segunda época, a partir do início do século XVIII, algumas razões vão atuar em sentido inverso, de modo o favorecer a efetiva receção do direito inglês:

- a chegada de juristas ao novo continente;
- a formação jurídica em Inglaterra de alguns colonos;
- a publicação em Philadelphia (1771-72) dos *Blackstone's Commentaries on the laws of England*;
- a utilização do *common law* como instrumento de defesa contra o poder absoluto dos colonizadores;
- a consciência dos colonos de origem inglesa da ameaça que poderia constituir a influência dos direitos holandês e francês.

85. Independência política e triunfo do *common law*

I. A independência dos Estados Unidos foi declarada em 4 de julho de 1776 e reconhecida pela Inglaterra em 1783. A Constituição federal foi votada em 1787 para entrar em vigor em 1789.

INTRODUÇÃO AO DIREITO COMPARADO

II. A estrutura do sistema jurídico haveria de resultar de tensões opostas, contra ou a favor da subsistência do *common law*.

No sentido da sua recusa e adoção de um modelo mais próximo dos direitos romano-germânicos convergiam os seguintes fatores:

- os ressentimentos contra a Inglaterra, como potência colonizadora;
- a inadaptação de algumas instituições e processos às circunstâncias próprias do novo Estado;
- a existência de Constituições escritas, tanto ao nível federal como estadual;
- a influência do recente movimento favorável à codificação, que chegou a ser acolhido e a concretizar-se não só no estado da Louisiana como no de New York, onde foram aprovados, ainda no século XIX, vários códigos: processo civil (1848), penal e processo penal (1881);
- a vigência de direito de origem romano-germânica em alguns Estados (além da Louisiana, onde subsistiu, também na California e no Texas).

Em sentido oposto, isto é, em favor da adoção do *common law*, concorriam os seguintes elementos históricos:

- a sua aplicação antes da independência, mau grado as limitações antes assinaladas;
- a sua expressa receção nas leis de alguns Estados;
- a influência doutrinária (além da já citada obra de Blackstone, também foram decisivas as obras de Kent e de Story);
- o predomínio da língua e da cultura inglesas.

Estes fatores acabaram por se revelar mais fortes do que aqueles que poderiam ter impelido o direito norte-americano para fora do âmbito da família anglo--saxónica, pelo que o resultado final foi, sem prejuízo das suas particularidades, o triunfo do *common law*.

§ 29º ESTRUTURA COMPLEXA DO SISTEMA

86. Federação e Estados; direito federal e direitos estaduais
I. Os Estados Unidos da América constituem um Estado federal formado pela **Federação** (ou União) e **50 Estados** (federados), além do Distrito Federal de Columbia e de alguns territórios ultramarinos.

A **Federação** dispõe de uma Constituição (a **Constituição dos Estados Unidos**) e de uma organização política que compreende, de harmonia com o princípio da divisão dos poderes:

- o **Presidente** dos Estados Unidos, chefe do Estado e do governo federal, que, com a respetiva administração, exerce o poder executivo;

– o **Congresso**, composto por duas câmaras (o Senado e a Câmara dos Representantes), a quem compete o exercício das mais relevantes competências legislativas;
– os **tribunais federais** organizados numa estrutura judicial completa.

Por sua vez, cada um dos 50 **Estados** tem a sua própria **Constituição** e instituições que exercem os poderes executivo (**Governador**), legislativo (exercido por **duas câmaras** ou por uma só, no Estado do Nebraska) e judicial (**tribunais estaduais**).

II. Tanto os órgãos da Federação como os de cada um dos 50 Estados criam, em círculos diferentes e de modo relativamente independente, normas jurídicas que formam conjuntos completos e coerentes.

Em consequência, o direito dos Estados Unidos da América constitui um sistema de estrutura complexa, que compreende 51 ordens jurídicas: a ordem jurídica federal (**direito federal**) e 50 ordens jurídicas estaduais (**direitos estaduais**).

§ 30º ORGANIZAÇÃO JUDICIÁRIA E SISTEMA DE RECURSOS

87. Organização judiciária federal

I. A hierarquia dos tribunais federais é formada por três níveis escalonados em pirâmide:

– *U.S. **district courts***, que são tribunais de primeira instância distribuídos de tal modo que no território de cada Estado funcione pelo menos um, existindo dois ou mais nos Estados de maior população. Existem 89 nos cinquenta Estados federados, mais 5 noutros territórios (District of Columbia, Puerto Rico, United States Virgin Islands, Guam e Northern Mariana Islands), num total de 94 *district courts*;
– *U.S. **courts of appeals***, que são tribunais de recurso, cuja área de jurisdição se designa por "circuito" e abrange o território de vários Estados (atualmente existem 11 circuitos, mais o *D.C. Circuit* e o *Federal Circuit*);
– *U.S. **Supreme Court***, sediado na cidade de Washington, que é o tribunal do topo da hierarquia e o único que foi diretamente criado pela Constituição.

Existem ainda tribunais federais de competência especializada que, sendo embora tribunais de 1ª instância, têm jurisdição em todo o território dos Estados Unidos (*US Tax Court, US Court of International Trade, US Court of Federal Claims, Courts of Military Review* e *US Courts of Veteran Appeals*).

II. A **competência** dos tribunais federais é atribuída em função de dois critérios alternativos:

- em **razão da matéria**, quando ao caso seja aplicável direito federal (*subject--matter* ou *federal-question jurisdiction*), por exemplo, processos de insolvência ou propriedade intelectual;
- em **razão das pessoas** (*diversity jurisdiction*), sempre que, qualquer que seja o direito aplicável, as partes sejam cidadãos de diferentes Estados (isto é, com domicílio ou sede em diferentes Estados da União) ou pelo menos uma delas seja cidadão estrangeiro; excluídas da competência dos tribunais federais estão porém, nesta situação, as ações de divórcio e aquelas cujo valor seja inferior a 75 000 dólares.

Os tribunais federais podem ainda tratar, ao abrigo da designada *supplemental jurisdiction*, de questões que normalmente seriam resolvidas junto de tribunais estaduais, se um problema relacionado estiver a ser discutido a nível federal.

III. O Supremo Tribunal dos E.U. julga **recursos** interpostos de decisões dos *courts of appeals* em qualquer matéria. Só julga em recurso de sentenças dos tribunais supremos dos Estados, quando esteja em causa a aplicação de direito federal ou a compatibilidade da decisão com normas federais, designadamente a Constituição dos E.U..

O recurso para o Supremo Tribunal dos E.U. só é admissível através de uma *petition for writ of certiorari* cujo deferimento depende de poder discricionário do mesmo tribunal exercido em função do interesse das regras aplicáveis ao caso. Assim se compreende que o Supremo Tribunal dos E.U. seja composto apenas por 9 juízes.

Os recursos no âmbito da estrutura judiciária federal estão circunscritos a matéria de direito. O sistema é de substituição, exceto em relação a recursos interpostos para o Supremo Tribunal de sentenças dos tribunais supremos dos Estados.

88. Organização judiciária estadual

I. Cada Estado define a sua própria organização judicial, completa e autónoma. A **estrutura** mais comum compreende três graus de jurisdição: primeira instância, instância (intermédia) de recurso e supremo tribunal. Alguns Estados de menor população dispõem de um modelo mais simples, com apenas dois níveis: primeira instância e tribunal de recurso.

As designações variam de Estado para Estado e são por vezes enganadoras – por exemplo, no Estado de New York, o tribunal colocado no topo da hierarquia chama-se *Court of Appeals* e o *Supreme Court* é um tribunal de 1ª instância.

SISTEMAS JURÍDICOS DE *COMMON LAW*

II. Os tribunais estaduais têm **competência** para julgar os casos que não sejam da competência da jurisdição federal.

Há todavia matérias em que a competência é concorrente, podendo a ação ser interposta em tribunal federal ou tribunal estadual de 1ª instância. É o que sucede nos casos em que seja aplicável direito federal (ou este conjuntamente com direito estadual), se a competência dos tribunais federais não for exclusiva. A competência dos tribunais federais é exclusiva, por exemplo, em processos de insolvência.

III. As decisões tomadas pelos tribunais de um Estado federado são obrigatoriamente reconhecidas por todos os outros Estados, nos termos da *full faith and credit clause*.

88 *bis*. O júri

Originário do direito inglês, o júri tem no direito norte-americano uma importância, real e emblemática, superior à que lhe é reconhecida em qualquer outro sistema jurídico. O direito ao júri tem a natureza de garantia consagrada na Constituição federal (artigo 3º, secção 2ª, nº 3; 5ª, 6ª e 7ª emendas) e nas Constituições de vários Estados.

Em processo crime, no direito federal e no direito de alguns Estados, a acusação pode ser precedida de apreciação sobre a suficiência das provas perante um *grand jury*, formado geralmente por 23 cidadãos.

O julgamento dos crimes mais graves, quer federais quer estaduais, realiza-se perante o chamado *trial jury* (ou *petit jury*), quase sempre composto por 12 pessoas, que, em princípio por unanimidade, decide a matéria de facto, declarando se o réu é "culpado ou inocente".

Em processo cível, a 7ª emenda confere o direito ao julgamento por um júri nos litígios de valor superior a 20 dólares em que se aplique o *common law*. A decisão do júri (composto por 6 ou 12 membros) incide sobre a matéria de facto e, em alguns Estados, sobre o montante da indemnização.

O uso efetivo deste direito é frequente, em especial em processos sobre responsabilidade civil delitual. É esta a diferença mais acentuada do papel do júri nos Estados Unidos, em comparação com o que desempenha no direito inglês atual.

Tanto em processo crime como cível, o juiz exerce algumas vezes o poder excecional de proferir a sentença em desconformidade com a deliberação do júri.

INTRODUÇÃO AO DIREITO COMPARADO

§ 31º PROFISSÕES JURÍDICAS

89. Unidade da profissão

I. A profissão de jurista é unitária, não se verificando nem a dualidade de tipo inglês nem distinção entre as carreiras de advogado e de magistrado.

Desde que admitido numa *Bar Association*, o jurista (*lawyer*) pode exercer a sua atividade como advogado, na profissão liberal, como promotor público, na Administração Pública ou numa empresa. Pode ainda habilitar-se ao ensino universitário ou a um cargo judicial. Verifica-se aliás elevada mobilidade entre as diferentes atividades dos juristas.

II. Além das associações estaduais, existe também a *American Bar Association*, de âmbito federal, com importante influência na proteção dos seus cerca de 400 000 associados e na acreditação das faculdades de direito.

90. Formação dos juristas

I. A profissão de jurista exige formação universitária.

A admissão às faculdades de direito pressupõe a anterior obtenção de um diploma superior de qualquer outra natureza. A duração normal do curso de direito é de três anos, pelo que não é geralmente possível concluí-lo antes dos 25 anos.

O ensino baseava-se, até há pouco tempo, quase exclusivamente no *case method*, isto é, na análise na sala de aula de casos reais decididos pelos tribunais. Atualmente este modelo tende a ser combinado quer com os métodos tradicionais usados nas universidades dos países de *civil law* quer com diversas experiências de inserção direta dos estudantes na prática jurídica.

Embora as universidades tenham estatuto estadual, o direito que nelas se ministra é "direito norte-americano", ou seja, direito federal e uma espécie de "direito comum" aos vários Estados.

II. O acesso à profissão depende de aprovação em provas prestadas perante uma *Bar Association* estadual.

91. Recrutamento e estatuto dos juízes

I. Os juízes pertencem ao *bar*, isto é, são recrutados de entre *lawyers* que anteriormente exerciam outra atividade.

II. Os **juízes federais** são nomeados, a título vitalício, pelo Presidente dos Estados Unidos, desde que confirmados pelo Senado. São geralmente recrutados entre advogados de elevado prestígio, professores de direito, juízes estaduais ou juízes federais de escalão inferior.

III. Os **juízes estaduais** são, na maioria dos Estados, eleitos para exercício do cargo por tempo determinado, mas geralmente renovado. Alguns Estados adotam o sistema de nomeação pelo Governador de entre os componentes de uma lista elaborada por comissão para o efeito constituída.

§ 32º FONTES DE DIREITO

92. Elenco e hierarquia

I. O **elenco** das fontes de direito norte-americano, tanto federais como estaduais, é constituído por fontes **primárias** e por fontes **secundárias**.

São fontes de direito primárias:

– a **lei** (*statutory law*);
– a **jurisprudência** (*case law*).

São fontes de direito secundárias:

– a **doutrina**;
– os **Restatements of the law**.

Os juristas norte-americanos não mencionam o costume como fonte de direito.

II. Quanto à **hierarquia**, a lei prevalece sobre a jurisprudência e o direito federal sobre os direitos estaduais.

Atendendo a que, à semelhança do direito inglês, a jurisprudência é determinante na revelação do direito legal, as **fontes primárias** de direito norte--americano ordenam-se pelo seguinte modo:

1º – Constituição federal (e jurisprudência do Supremo Tribunal dos Estados Unidos sobre a Constituição federal);
2º – (outras) leis federais (e jurisprudência sobre esta legislação);
3º – Constituições estaduais (e jurisprudência dos Supremos Tribunais dos Estados sobre as respetivas Constituições);
4º – (outras) leis estaduais (e jurisprudência sobre esta legislação);
5º – jurisprudência estadual autónoma em relação à legislação.

93. Sentido da expressão *no federal general common law*

I. A limitação ao âmbito estadual do *common law*, enquanto conjunto de normas jurisprudenciais autónomas em relação à legislação, exige uma explicação.

Por força da competência dos tribunais federais em razão das pessoas (*diversity jurisdiction*), colocou-se a questão de saber que direito deveria ser aplicado em litígios dessa natureza.

INTRODUÇÃO AO DIREITO COMPARADO

O *Judiciary Act 1789* prescreveu a aplicação das "leis" (*"laws"*) estaduais designadas pelas normas de conflitos do Estado onde o tribunal federal se situa.

Suscitou-se porém a dúvida sobre qual o sentido que deveria ser dado à palavra *"laws"*, de modo a incluir apenas *statutory law* ou também *common law* (no sentido de *case law*).

No caso *Swift v. Tyson* (1842), o *U.S. Supreme Court* decidiu que, quando ao caso não fosse aplicável *statutory law*, os tribunais federais julgariam de acordo com um **federal general common law**, de modo a garantir a igualdade do direito aplicável por todos os tribunais federais.

Esta igualdade não deixava porém de ser aparente, porque casos análogos poderiam ser julgados de modo diferente conforme fossem decididos por tribunais federais ou estaduais.

II. Assim, a partir do caso *Erie Railroad Corporation v. Tompkins* (1938), a orientação inverteu-se, tendo o *U.S. Supreme Court* fixado doutrina no sentido de que não existe, para as referidas situações, um *common law* federal (**no federal general common law**).

Atualmente, em todos os casos de *diversity jurisdiction* julgados pelos tribunais federais, o direito aplicável é o direito do Estado designado pelas normas de conflitos do Estado onde o tribunal federal se situa. Para o efeito é irrelevante que as normas materiais a aplicar sejam de origem legal ou jurisprudencial.

94. O valor atual da distinção entre *common law* e *equity*

Tal como em Inglaterra, a separação de competência dos tribunais em função da aplicabilidade de *common law* ou *equity* foi também eliminada na maior parte dos Estados dos E.U. (a especialização mantém-se apenas em 4 Estados).

As regras de *equity* foram recebidas do direito inglês, geralmente por via jurisprudencial mas também por transposição legal (por exemplo, o "Código" do Estado de Montana integra 24 máximas de *equity*).

A *equity* subsiste no direito norte-americano em termos institucionais e disciplinares que são equivalentes aos do atual direito inglês.

§ 33º A LEI

95. A Constituição dos Estados Unidos

I. Talvez em maior grau do que em qualquer outro país, a Constituição é, nos Estados Unidos, o fulcro em volta do qual gravitam as grandes mutações jurídicas. As 27 emendas à Constituição e as decisões do Supremo Tribunal revelam essa referência recorrente ao texto constitucional, como apelo justificativo que é comparável às reformas e às interpretações criativas dos códigos em ordens jurídicas romano-germânicas.

A Constituição inclui normas sobre organização e funcionamento das **instituições políticas**, concebidas segundo o princípio da separação de poderes e o sistema dos *checks and balances*.

Integra também um extenso elenco de **direitos individuais fundamentais**, constantes das 10 primeiras emendas aprovadas em 1791, cujo conjunto é conhecido como *Bill of Rights*. Para além de outras emendas que aumentaram o elenco dos direitos, toda a sua construção foi influenciada pela 14ª emenda (1868), onde constam duas importantes cláusulas gerais, abreviadamente designadas por *due process of law* e *equal protection*, que têm sido determinantes na compreensão e desenvolvimento desses mesmos direitos.

II. Na evolução do direito constitucional, desempenha um papel central o método de **interpretação da Constituição**.

As tendências dividem-se entre os partidários da interpretação histórica, favoráveis a estabelecer sentidos conformes com a intenção dos seus autores, e os defensores da interpretação teleológica e atualista. A predominância de uma ou de outra das teses tem oscilado ao longo dos tempos, notando-se maior inclinação para a primeira, por parte dos adeptos do liberalismo económico, e para a segunda, por parte dos promotores do intervencionismo.

Parece todavia inegável que, na prática, o método atualista tem prevalecido. Na verdade, a história das decisões do Supremo Tribunal mostra como os resultados interpretativos têm evoluído e acompanhado as tensões económicas, sociais e culturais. Isto é particularmente evidente a propósito do entendimento relativo a direitos fundamentais.

Assim, a garantia de *due process of law* evoluiu de um conteúdo meramente processual para um âmbito substancial, que tem encontrado aplicações na garantia de direitos económicos e de direitos pessoais (v. g. direito à privacidade).

Também a regra de *equal protection* permitiu inicialmente sustentar o *apartheid* ("separados, mas iguais"), mas esteve posteriormente na base da abolição da discriminação racial. Recentemente tem sido invocada contra a desigualdade desfavorável às mulheres, assim como contra a discriminação *à rebours*.

III. A partir do caso *Marbury v. Madison* (1803), institucionalizou-se o **controlo da constitucionalidade** de decisões judiciais e administrativas. O sistema é de fiscalização concreta e difusa, competindo portanto a todos os tribunais.

Em relação às normas da Constituição federal, a última palavra compete ao Supremo Tribunal.

INTRODUÇÃO AO DIREITO COMPARADO

96. Competência legislativa

I. Sendo os Estados Unidos um Estado federal, a primeira questão de **competência legislativa** consiste na sua distribuição entre os órgãos federais e os estaduais.

O princípio geral está enunciado na 10ª emenda (1791), que confere aos órgãos federais competência para legislar apenas nas matérias que lhes estão reservadas pela Constituição. Em relação a todas as outras, a competência legislativa pertence aos Estados em exclusividade.

A lista das matérias que cabem na competência do Congresso consta do artigo 1º, secção 8ª, e inclui designadamente as relativas a impostos, comércio com nações estrangeiras e entre os Estados, naturalização, insolvência, moeda, forças armadas e criação de tribunais federais.

Mesmo em relação a estas áreas, a Constituição não declara a competência exclusiva do Congresso, pelo que os Estados parecem beneficiar de um **poder residual** para legislar quando o Congresso não tenha feito uso da sua competência. Todavia a interpretação destas regras pelo Supremo Tribunal tem seguido uma evolução que favorece a tendencial ampliação dos poderes normativos federais em detrimento dos estaduais, tendo como base designadamente a "doutrina dos **poderes implícitos**". Este entendimento incide em especial sobre o âmbito da *commerce clause*, que literalmente se refere ao poder do Congresso para "regular o comércio com nações estrangeiras, entre os diversos Estados e com as tribos índias".

De modo negativo, o poder residual dos Estados foi comprimido por força da chamada *dormant commerce clause* que obsta à regulação estadual, mesmo quando relativa a áreas não ocupadas por legislação federal, sempre que possa interferir numa política geral de livre comércio ou tenha por objetivo ou como efeito qualquer discriminação na concorrência interestadual.

De modo positivo, a competência legislativa federal para regular o *comércio* entre os Estados vem sendo entendida com tal amplitude que permite incluir legislação industrial, laboral, social e até normas contra a discriminação racial.

II. Ao nível **federal**, o poder legislativo é atribuído pela Constituição ao **Congresso**. Mas também nos Estados Unidos se nota efetiva e crescente partilha com o poder executivo. Por delegação do Congresso ou por poder próprio, o **Presidente** aprova, ou autoriza a aprovação, de um elevado número de normas regulamentares, frequentemente emanadas das várias **agências** e **comissões federais** especializadas em diversos aspetos da atividade económica (v. g. comércio, alimentos, medicamentos, comunicações, valores mobiliários).

Ao nível **estadual**, observa-se situação paralela: o universo da legislação é composto não só pelas leis elaboradas pelas **câmaras parlamentares** como pelas normas regulamentares oriundas dos **Governadores** e das **agências** e **comissões estaduais**.

III. Criação normativa quase-legislativa é exercida pelos tribunais supremos, quer federal quer estaduais, através da promulgação de regras processuais, com especial destaque para as *Federal Rules of Civil Procedure* vigentes em todos os tribunais federais e que servem igualmente de modelo para os tribunais de alguns Estados.

97. Codificação

I. A produção legislativa norte-americana, tanto federal como estadual, é abundante. É portanto natural que a sua organização em códigos se coloque em termos assaz diferentes do direito inglês.

As publicações que no direito norte-americano recebem o nome de código são de vária origem e natureza.

II. A adoção de **códigos no sentido romano-germânico** do termo constitui um fenómeno limitado no espaço e no tempo, reminiscência histórica do movimento europeu de codificação.

No Estado da Louisiana, a codificação (com relevo para o código civil de modelo napoleónico, vigente desde 1808) ficou a dever-se à influência das colonizações francesa e espanhola anteriores à independência.

No Estado de New York, o advogado David Dudley Field logrou, em 1848, a aprovação de um código de processo civil (que veio a ser adotado por vários outros Estados) e, em 1881, de um código penal e de processo penal. O seu projeto de código civil foi rejeitado no Estado de New York, mas mereceu aprovação em cinco Estados do Oeste, entre os quais o da California.

III. Generalizada está a publicação, oficial ou particular, de **códigos em sentido impróprio**, meras compilações de leis, ordenadas segundo diversos critérios, que podem ser o cronológico ou o alfabético, combinados ou não com alguma sistematização por assuntos.

Assim, as leis federais aprovadas pelo Congresso estão compiladas por transcrição no *United States Code*, reeditado de seis em seis anos e composto por muitos volumes pelos quais se distribuem as respetivas matérias. Estrutura semelhante tem o *Code of Federal Regulations*, que contém os regulamentos presidenciais e das agências administrativas federais.

Em todos os Estados se publicam também coletâneas das leis vigentes sob a designação de *Code* ou de *Revised Statutes*.

IV. Qualquer que seja a natureza e a origem destes códigos, eles são geralmente publicados com extensas anotações que compreendem referências jurisprudenciais e comentários explicativos.

98. Leis uniformes e leis-modelo

I. No final do século XIX, foi criada, por iniciativa da *American Bar Association*, a *National Conference of Commissioners on Uniform State Laws*, que é uma instituição quase-oficial onde estão representados todos os Estados. A sua finalidade é preparar e publicar textos que possam servir de base para a **uniformização dos direitos estaduais**.

O maior êxito verificou-se com o *Uniform Commercial Code*, aprovado em 49 Estados e parcialmente recebido na Louisiana. Regula matérias de direito comercial, designadamente as relativas a compra e venda e títulos de crédito. A uniformização não é todavia completa, porque, tendo sido o texto editado em sucessivas versões, não vigora a mesma em todos os Estados e porque alguns destes lhe introduziram pequenas alterações.

A harmonização dos direitos estaduais tem sido também promovida por outras instituições de caráter privado através da proposta de **leis-modelo**, como o *Model Penal Code* (da iniciativa do *American Law Institute*) e o *Model Business Corporation Act* (preparado pela *American Bar Association*).

II. As leis uniformes e as leis-modelo não são obviamente direito federal. Em rigor, não são sequer textos legislativos. São textos de vocação legislativa, que, uma vez aprovados livremente, com ou sem modificações, pelos órgãos legislativos de um ou mais Estados, passam a ser **direito estadual** circunscrito aos Estados onde vigoram.

Quer pela natureza quer pelo efeito jurídico, a uniformização obtida é diferente daquela que se realiza através de convenções internacionais, assemelhando-se mais às leis-modelo que têm sido adotadas pela CNUDCI.

Comum a todas estas modalidades de uniformização e harmonização é o papel relevante que na sua preparação desempenha a microcomparação, seja ela comparação em sentido próprio ou comparação interna (interestadual).

99. Interpretação da lei

I. O método tradicional de interpretação das leis baseava-se nas regras restritivas do direito inglês. A evolução registada a favor de maior flexibilidade e consideração de elementos teleológicos ou sistemáticos é mais nítida em relação à Constituição dos Estados Unidos do que em relação a outras leis. Dentro destas, as constrições da literalidade são tendencialmente menos sentidas na interpretação de leis federais e mais fortes na interpretação de leis estaduais. Isto deve-se à preponderância do *case law* que subsiste no direito da maioria dos Estados.

SISTEMAS JURÍDICOS DE *COMMON LAW*

II. Qualquer que seja a lei sujeita a interpretação, dois princípios evidenciam a diferença de processos em comparação com os usados pelos juristas romano-germânicos:

- a atitude de *stare decisis* abrange o sentido relevante das normas legais tanto como o das normas de pura criação jurisprudencial;
- os tribunais não se pronunciam sobre a inconstitucionalidade de norma contida num *statute* sem que ele tenha sido aplicado e portanto interpretado por um tribunal.

§ 34º A JURISPRUDÊNCIA

100. Valor do precedente

I. Nos Estados Unidos a jurisprudência (*case law*) é fonte de direito no âmbito da doutrina de *stare decisis*. Os tribunais inferiores sentem-se vinculados a decidir do mesmo modo que casos semelhantes foram decididos por tribunais superiores.

Este princípio é válido quer para os tribunais estaduais quer para os tribunais federais. À separação das duas jurisdições não corresponde completa separação dos precedentes relevantes. Por força das regras de competência já analisadas, os tribunais estaduais aplicam também direito federal e os tribunais federais aplicam também direito estadual (não só de origem legal como jurisprudencial, porque não há hoje *federal general common law*).

Assim os **tribunais estaduais** consideram-se geralmente vinculados:

- por precedentes contidos em anteriores decisões de tribunais hierarquicamente superiores do mesmo Estado e
- por precedentes contidos em anteriores decisões de tribunais federais que apliquem direito federal ou direito do respetivo Estado.

Os **tribunais federais** consideram-se geralmente vinculados:

- por precedentes contidos em anteriores decisões de tribunais federais hierarquicamente superiores
- e, quando apliquem direito estadual, por precedentes contidos em anteriores decisões dos tribunais superiores do respetivo Estado.

II. Geralmente os tribunais estarão inclinados a seguir igualmente os seus próprios precedentes, mas considera-se admissível que os tribunais situados no topo da respetiva hierarquia judiciária alterem a orientação anterior, revogando (*overruling*) a norma aplicada em casos análogos anteriores. Pode porém suceder que, para evitar a retroatividade da norma, o tribunal apenas anuncie que

INTRODUÇÃO AO DIREITO COMPARADO

considera o precedente inadequado, aplicando ainda a regra anterior ao caso em julgamento (*prospective overruling*). A declaração desta intenção não constitui por si só precedente, mas será encarada como *obiter dictum* dotado de especial poder persuasivo.

III. Em comparação com a doutrina inglesa do precedente, o *stare decisis* é mais **flexível**, podendo excecionalmente suceder que um tribunal não respeite um precedente que, em princípio, o vincularia, na convicção de que o tribunal superior também não o aplicaria. Por isso se diz que, enquanto em Inglaterra os precedentes se aplicam por força de regra vinculativa (*rule*), nos Estados Unidos não há mais do que uma **política do precedente (*policy*)**.

IV. As técnicas usadas na descoberta e na evolução dos precedentes são em tudo semelhantes às do direito inglês. A nomenclatura só é diferente porque, no direito americano, a *ratio decidendi* se designa por *holding of the case*.

A menor rigidez do sistema permite o uso mais genuíno da técnica das distinções, mas nem sempre se evita a sua invocação fictícia. Apesar de tudo, os juízes norte-americanos preferem dar a aparência de seguir um precedente estabelecido a afrontá-lo direta e claramente.

V. As regras de *case law* estadual constituem apenas direito dos respetivos Estados. Mas estes não são ilhas isoladas. Para além da influência do direito inglês, que esteve frequentemente na sua origem, é inevitável a atenção que é dada ao modo como casos análogos são decididos noutros Estados. A chamada **jurisprudência paralela** constitui assim origem de precedentes com valor formal de mera persuasão, mas cuja importância real é elevada, em especial quando provém de certos Estados como os de New York e California.

Os tribunais também invocam por vezes sentenças de outros sistemas jurídicos de *common law*, designadamente de Inglaterra.

101. Estilo das sentenças

Em comparação com as sentenças inglesas, o estilo das sentenças norte-americanas diferencia-se pelo abandono da separação formal das *opinions* emitidas por cada um dos juízes participantes num tribunal coletivo. A sentença é geralmente redigida por um só relator que exprime a opinião comum ou maioritária. Mas não é raro que esta possa ser complementada por votos de vencido (*dissenting opinions*) ou mesmo pela exposição de pontos de vista que só diferem na base argumentativa (*concurring opinions*).

A citação de doutrina é mais vulgar do que em Inglaterra e não se verifica qualquer objeção quanto à citação de obras de autores vivos.

102. As coletâneas de jurisprudência

Tal como no direito inglês, a publicação das sentenças, especialmente as dos tribunais superiores, é instrumento fundamental para a aplicação do sistema de *stare decisis*.

I. As sentenças dos **tribunais federais** são publicadas em várias coletâneas. As mais divulgadas compreendem respetivamente:

- as decisões do Supremo Tribunal (a coletânea tem o nome de *United States Reports* e é designada pela sigla *U.S.*);
- as decisões dos *courts of appeals* (com o nome de *Federal Reporter* e designada pelas siglas *F.* ou *F.2d*);
- as decisões dos tribunais de primeira instância (com o nome de *Federal Supplement* e designada pela sigla *F.Supp.*).

II. As sentenças dos **tribunais estaduais** são publicadas, em cada Estado, em edições oficiais ou privadas.

A maior parte das decisões dos tribunais de recurso são também publicadas por uma editora privada de âmbito nacional segundo o chamado *National Reporter System*, que obedece à distribuição em sete regiões, a cada uma das quais corresponde uma série:

- *Atlantic Reporter* (A.)
- *North Eastern Reporter* (N.E.)
- *North Western Reporter* (N.W.)
- *Pacific Reporter* (P.)
- *South Eastern Reporter* (S.E.)
- *Southern Reporter* (So.) e
- *South Western Reporter* (S.W.).

Estas séries não compreendem atualmente as sentenças dos tribunais de nível intermédio dos dois Estados de mais elevado nível de litigância, cujas sentenças estão incluídas nas séries *California Reporter* (Cal) e *New York Supplement* (N.Y.S.).

(Entre parênteses indicam-se as siglas usadas na citação de cada uma das séries).

§ 35º FONTES SECUNDÁRIAS DE DIREITO

103. A doutrina

I. A doutrina jurídica norte-americana impressiona, antes de mais, pela sua enorme quantidade, completude, diversidade de estilos e de modelos editoriais.

Por ordem decrescente de extensão temática e de dimensão física, podem indicar-se:

- as **enciclopédias** cujo objeto pretende abranger todo o direito norte-americano; *Corpus Juris Secundum* e *American Jurisprudence 2d* são as mais populares;
- os **tratados** (de índole científica) sobre áreas específicas, alguns dos quais são obras monumentais em extensão e profundidade;
- as *looseleaf series*, textos de atualização periódica através de folhas soltas, que são guias de orientação mais prática, igualmente especializados por temas, com transcrições selecionadas da lei e da jurisprudência, além de outras informações e comentários doutrinários;
- os *case books*, que contêm jurisprudência comentada e outros "materiais" relacionados;
- as **lições** universitárias e **monografias**, em número comparativamente menor do que é habitual em países de *civil law*;
- os manuais abreviados (*nutshells*) mas frequentemente de elevada qualidade.

As mais importantes **revistas**, genéricas ou especializadas, têm origem universitária. Quase todas as faculdades de Direito publicam pelo menos uma, sendo geralmente boa a qualidade e muito cuidada a apresentação editorial. Além de artigos dos professores, incluem normalmente textos da autoria de alunos.

II. Em comparação com a doutrina inglesa, a doutrina norte-americana desperta maior interesse e disfruta de prestígio superior na comunidade jurídica. Constitui um instrumento relevante entre aqueles que são utilizados para descoberta do direito aplicável. Não é invulgar a referência em decisões dos tribunais.

Particularmente fecunda vem sendo a construção doutrinária ao nível da teoria do direito (*jurisprudence*, na nomenclatura anglo-saxónica). Num rápido relance pelo século XX, recordem-se escolas e orientações doutrinárias como a *sociological jurisprudence*, o realismo jurídico, *law and economics* (análise económica do direito) e o movimento conhecido por *critical legal studies*.

As tendências mais recentes fazem-se sentir também na Europa, onde alguns sectores reconhecem que a reflexão crítica sobre o direito e a renovação do pensamento jurídico não podem hoje prescindir do que se passa além Atlântico.

104. Os *Restatements of the law*

I. Os *Restatements of the law* são um tipo de fonte que é exclusiva do direito norte-americano e que teve origem na sua estrutura peculiar.

SISTEMAS JURÍDICOS DE *COMMON LAW*

A partir dos anos 30, o *American Law Institute* cometeu a diversos especialistas o encargo de pesquisar e publicar o "direito comum" estadual em áreas onde o *case law* é mais denso.

Os resultados são apresentados em obras separadas, geralmente correspondentes às divisões tradicionais do *common law*. A estrutura e o estilo utilizado na enunciação das regras "comuns" inspiram-se no modelo dos códigos romano-germânicos. Cada parágrafo ou secção contém uma regra ou um conjunto de regras relacionadas, sendo o respetivo texto seguido de comentários e referências a outras fontes.

De alguns dos *Restatements* foram já elaborados segunda e terceira versão. Eis uma lista atualizada:

Agency 3d (2006)
Conflict of laws 2d (1971)
Contracts 2d (1979)
Foreign relations law 3d (1987)
Property (1936-45)
Property 2d, Landlord & Tenant (1977)
Property 2d, Donative Transfers (1983-92)
Property 3d, Mortgages (1997)
Property 3d, Wills and Other Donative Transfers (1999)
Property 3d, Servitudes (2000)
Restitution (1937)
Suretyship and Guaranty 3d (1996)
Torts 2d (1965-66)
Torts 3d, Products Liability (1998)
Torts 3d, Apportionment of Liability (2000)
Torts 3d, Liability for Physical and Emotional Harm (2010)
Trusts 3d (2003)
Unfair competition 3d (1995).

II. Apesar da sua aparência de códigos, os *Restatements* baseiam-se fundamentalmente na jurisprudência (*case law* estadual), mas são **fontes secundárias de natureza doutrinária**.

A autoridade que merecem é variável, em função designadamente da qualidade intrínseca, do prestígio dos autores e da sua atualização. Embora tenham por objetivo a exposição do direito vigente, não representam mais do que tendências, porque, em rigor, não há um direito comum aos diferentes Estados.

Alguns *Restatements* denotam o voluntarismo dos respetivos autores, que neles inseriram as melhores "regras" segundo o seu ponto de vista, nem sempre

INTRODUÇÃO AO DIREITO COMPARADO

coincidentes com as aplicadas pelos tribunais. A verdade porém é que os *Restatements*, ou uma parte deles, acabam por exercer influência no modo de decidir dos juízes. Como sucede com toda a doutrina, não é, por vezes, clara a linha de demarcação entre a simples revelação do direito e a intenção de intervir na sua criação.

§ 36º PLURALIDADE E UNIDADE DO DIREITO NORTE-AMERICANO

105. A descoberta do direito aplicável

I. Em consequência da natureza plurinormativa do direito norte-americano, a primeira questão consiste em determinar se é aplicável **direito federal ou direito estadual** e, na segunda hipótese, que direito estadual.

Seja qual for o resultado, as normas aplicáveis procuram-se geralmente na *holding* de casos anteriores análogos. Só assim não será quando não haja precedente que se deva em princípio respeitar.

A **busca do(s) precedente(s)** é insubstituível quando as normas sejam de pura criação jurisprudencial, mas é também usada para indagar o sentido que antes tenha sido atribuído a normas de origem legal. Em qualquer das situações porém, o jurista americano sentir-se-á mais livre do que o inglês: em geral, pela índole relativamente flexível do *stare decisis*; em especial, quando a norma esteja integrada em código (na aceção própria da palavra).

II. Apesar da proliferação da lei e da naturalidade com que é encarada, a noção de lacuna da lei e seu preenchimento por analogia não se incluem entre os mecanismos do *common lawyer* norte-americano para a descoberta do direito. "Raciocinar por analogia" significa descobrir casos factualmente análogos para servirem como precedentes. Se não há norma legal sobre determinada situação, tal significa que ela deverá ser regulada, em princípio, pelo *common law* (no sentido de *case law*). Se a omissão se verifica numa área (parcialmente) coberta pelo direito federal, fica justificada a aplicação de direito estadual.

III. A descoberta de precedentes seria no direito norte-americano uma tarefa hercúlea se não existissem exaustivos e rigorosos meios auxiliares. Para além das fontes secundárias já referidas, o sistema é completado pelos *citators*, que são registos com listas de referências, em linguagem numérica e simbólica, às fontes primárias e secundárias, bem como às suas inter-relações.

A maior parte destes meios é também acessível através de **bases de dados** que os reproduzem em suporte informático.

106. Fatores de unidade no direito dos Estados Unidos

O direito dos Estados Unidos não é uno, mas diversos fatores contribuem para uma certa consideração unitária, assim como para a sua crescente aproximação e uniformização. Todos estes fatores foram anteriormente referidos, pelo que basta agora fazer a sua enunciação sintética:

1º – A **Constituição dos Estados Unidos** e a jurisprudência do **Supremo Tribunal**, em especial no âmbito de controlo da constitucionalidade;

2º – O progressivo alargamento do **direito federal** baseado na interpretação dada às normas que estabelecem a competência legislativa dos órgãos federais;

3º – As **leis uniformes**;

4º – A frequente invocação pelos tribunais de um Estado da jurisprudência de outro Estado (**jurisprudência paralela**);

5º – Os *Restatements of the law*;

6º – A perspetiva unitária do direito norte-americano no **ensino universitário** e na generalidade das obras doutrinárias.

Secção III
Síntese comparativa e âmbito da família de direitos de *common law*

107. Razão de ordem

Na síntese comparativa dos direitos de *common law*, o procedimento será homólogo ao utilizado na síntese comparativa dos direitos romano-germânicos, com as devidas adaptações.

O registo das diferenças entre os dois sistemas limitar-se-á todavia aos elementos jurídicos, porque não se verificam distinções relevantes no plano dos elementos metajurídicos e porque a história do direito inglês é o tronco comum a partir do qual evoluíram os restantes direitos de *common law*.

Quanto aos carateres comuns, eles são extraídos diretamente da comparação restrita aos sistemas jurídicos inglês e norte-americano, incluindo alguns aspetos, que, por serem evidentes, não resultam de observação a que se tenha procedido explicitamente.

A influência que o direito inglês exerceu por via da colonização sobre outras ordens jurídicas permite porém generalizar os resultados, elevando-os ao nível de caraterísticas comuns (ou, pelo menos, tendenciais) de todos os direitos de *common law*.

§ 37º DIFERENÇAS ENTRE OS DIREITOS INGLÊS E DOS EUA

108. Elementos jurídicos

I. O **pluralismo normativo e judiciário** dos E.U., consequência da sua estrutura federal, em contraste com a **unidade** da ordem jurídica e da organização judiciária inglesas.

II. **Constituições** escritas e **fiscalização da constitucionalidade**, nos E.U.; constituição histórico-consuetudinária, sem controlo de constitucionalidade, no Reino Unido.

III. A receção no Reino Unido do direito da União Europeia.

IV. Maior **flexibilidade do *stare decisis***, no direito norte-americano, em comparação com o direito inglês em que a **doutrina do precedente** está estabelecida por regras mais rígidas e geralmente bem definidas.

V. Maior importância da **codificação** no direito norte-americano.

VI. Maior liberdade para os juristas dos EUA na metodologia de **interpretação da lei**.

VII. **Produção doutrinária** norte-americana mais intensa e mais influente do que a inglesa.

VIII. Os *Restatements of the law*, fonte doutrinária norte-americana sem correspondência no direito inglês.

IX. Descentralização *versus* centralização da **organização judiciária**, respetivamente nos E.U. e na Inglaterra.

X. Unidade das **profissões jurídicas**, nos E.U.; dualidade, em Inglaterra.

XI. Exigência de **formação** universitária para os juristas norte-americanos, requisito que é dispensável em Inglaterra.

XII. Coexistência nos E.U. de dois sistemas de **recrutamento dos juízes** (nomeação e eleição); exclusividade, em Inglaterra, do sistema de nomeação.

SISTEMAS JURÍDICOS DE *COMMON LAW*

§ 38º SEMELHANÇAS ENTRE OS SISTEMAS JURÍDICOS INGLÊS E NORTE--AMERICANO; CARATERÍSTICAS COMUNS DOS DIREITOS DE *COMMON LAW*

109. Elementos metajurídicos
I. A influência da **religião e da moral cristãs**; distinção entre **direito e outras ordens normativas** (religião, moral, convivência social).

II. As tradições culturais do **humanismo** e do **racionalismo**.

III. Uma certa tendência para o **pragmatismo** e o empirismo no critério de decisão dos comportamentos.

IV. A **economia de mercado.**

V. A **língua inglesa.**

110. Elementos históricos
I. A subsistência de certos traços caraterísticos do direito surgidos durante o período de **formação do *common law*** nos tribunais reais ingleses.

II. A escassa influência do direito romano.

III. A **colonização** inglesa como veículo de expansão do seu modelo jurídico.

111. Elementos jurídicos
I. **Conceção do direito** em que a instrumentalidade para a resolução de conflitos prevalece sobre (ou, pelo menos, rivaliza com) a ideia de regra de comportamento.

II. **Estrutura das regras jurídicas** em que a previsão é normalmente formulada com escasso grau de generalidade.

III. **Primazia do direito processual** sobre o direito substantivo, expressa pelo aforismo *no remedy no right* (mais acentuada no direito inglês do que no norte-americano).

IV. O **Estado** como base da organização política; coincidência tendencial entre ordem jurídica e normas de origem estadual.

V. **Democracia política** representativa; **separação de poderes.**

INTRODUÇÃO AO DIREITO COMPARADO

VI. Ampla consagração de **direitos, liberdades e garantias** individuais.

VII. **Atitude de *stare decisis*,** isto é, tendência para os tribunais decidirem casos atuais do mesmo modo que foram decididos casos análogos anteriores.

VIII. Existência de importantes e extensas **áreas** jurígenas **sem regulação legal**, cobertas por **normas de criação jurisprudencial** (*case law*).

IX. Distinção entre regras de *common law* e regras de *equity*.

X. Primazia da **jurisprudência** como fonte de revelação das normas jurídicas, incluindo a determinação do sentido relevante das normas de origem legal.

XI. Superioridade da **lei** sobre a jurisprudência, no plano hierárquico.

XII. **Competência legislativa** distribuída entre as instituições parlamentares e as governamentais.

XIII. Reduzida importância da codificação, entendida no sentido romano--germânico do termo.

XIV. Prevalência do elemento literal na **interpretação da lei**, com restrições à utilização dos elementos histórico, teleológico e sistemático.

XV. Inadmisssibilidade ou relutância de aplicação analógica da lei.

XVI. Escassa importância do costume.

XVII. Controlo dos atos da Administração Pública pelos tribunais comuns.

XVIII. Participação frequente do **júri** no julgamento de matéria de facto, em processo crime e (nos Estados Unidos) também em processo cível.

XIX. Relevância da componente prática na **formação dos juristas**.

XX. Preferência pelo **recrutamento dos juízes** entre juristas que anteriormente exerciam a profissão de advogado.

§ 39º ÂMBITO DA FAMÍLIA DE DIREITOS DE *COMMON LAW*

112. Os direitos de *common law*

Os contornos desta família de direitos circunscrevem-se a países que pertenceram ao Império Britânico.

Fora das ilhas britânicas, a plenitude dos seus carateres comuns encontra-se apenas em Estados que foram colónias inglesas e onde a maioria da população é de origem europeia.

Assim pertencem indubitavelmente à família de direitos de *common law*:

– na Europa, o direito inglês (England e Wales), da Irlanda do Norte (Ulster) e da República da Irlanda (Eire);
– na América, os direitos dos Estados Unidos da América e do Canadá (sem prejuízo da natureza híbrida dos direitos vigentes na Louisiana e no Québec);
– na Oceânia, os direitos australiano e neozelandês.

113. Influência em sistemas jurídicos híbridos

I. Influência preponderante do *common law* verifica-se:

– em África, nos países que foram colónias inglesas, como a Nigéria, o Gana, a Tanzânia, o Quénia e o Uganda, e ainda na Libéria, que se tornou independente por iniciativa dos Estados Unidos; o sistema jurídico da República da África do Sul carateriza-se por um complexo hibridismo;
– na Ásia, em países que foram domínios ou protetorados ingleses, como a União Indiana, o Paquistão e Israel.

II. A influência política dos Estados Unidos tem sido também acompanhada de influência jurídica, notória, por exemplo, nas Filipinas e no Japão. Os resultados são todavia mais visíveis ao nível setorial (designadamente em legislação de direito económico), não se tendo verificado ainda a atração global, por esta via, para a órbita do *common law* de qualquer sistema jurídico que anteriormente aí se não integrasse.

Capítulo IV
Comparação entre os sistemas romano-germânicos
e de *common law*

§ 40º SENTIDO DA DISTINÇÃO ENTRE *COMMON LAW* E *CIVIL LAW*

114. Terminologia

I. No seu sentido originário, a expressão *common law* significava o direito aplicado pelos tribunais reais ingleses criados no século XII.

A partir deste, outros sentidos, conexos com aquele, derivaram das mesmas palavras. Assim, a expressão *common law* pode ser atualmente usada em **três sentidos**, dependendo do contexto a perceção de qual deles é, no caso, o adequado.

1º – Com o aparecimento das regras de *equity*, aplicadas pelo tribunal da Chancelaria, o direito dos restantes e mais antigos tribunais reais continuou a designar-se como *common law*. Neste sentido, *common law* (ou só *law* – por exemplo, na máxima *equity follows the law*) é todo o direito das ordens jurídicas anglo-saxónicas com exclusão das regras de *equity*.

2º – A progressiva importância da lei (*statutory law*) fez alargar o conceito de *common law* de modo a incluir todo o direito de criação jurisprudencial. Neste sentido, *common law* equivale a *case law*, sendo portanto todo o direito das ordens jurídicas anglo-saxónicas que não seja *statutory law*.

3º – Tomando a parte pelo todo e invocando a sua origem histórica comum, *common law* veio também a significar a família de direitos em que se integram o direito inglês e as ordens jurídicas por este influenciadas. Neste sentido, *common law* opõe-se a *civil law*.

INTRODUÇÃO AO DIREITO COMPARADO

II. Por sua vez, a expressão *civil law* é a fórmula usada pelos *common lawyers* para designar os direitos romano-germânicos. *Civil law* é a tradução inglesa de *jus civile*, tomada como paradigma do direito romano, recebido por aquelas ordens jurídicas e tronco comum dos direitos europeus continentais. A contraposição entre *common law* e *civil law* vem assim pôr em evidência duas diferentes origens históricas: a formação especificamente inglesa do primeiro e a evolução a partir do direito romano, própria dos sistemas jurídicos romano-germânicos.

115. Semelhanças entre os direitos de *common law* e os direitos de *civil law*
I. Clarificada a terminologia, estão reunidos os elementos necessários para proceder à **megacomparação** entre as duas famílias de direitos estudadas. O resultado há de derivar da comparação entre as caraterísticas comuns que foram atribuídas sucessivamente à família de direitos romano-germânicos e à família de direitos de *common law*. Comecemos pelas semelhanças.

II. Apesar das diferentes origens históricas, foram assinaladas as seguintes **semelhanças**, que, em alguns aspetos, atingem mesmo o grau de **caraterísticas comuns:**

1º – **De natureza metajurídica**

– influência da religião e da moral cristãs; distinção entre direito e outras ordens normativas (religião, moral, convivência social).
– tradições culturais do humanismo e do racionalismo;
– economia de mercado;

2º – **De natureza histórica**

– a colonização como veículo de expansão dos modelos jurídicos europeus para sociedades não-europeias;

3º – **De natureza interna ou jurídica**

– organização política e sistema jurídico de base estadual;
– democracia política representativa; separação de poderes;
– consagração de direitos, liberdades e garantias individuais;
– competência legislativa distribuída entre as instituições parlamentares e as governamentais;
– superioridade hierárquica da lei em relação à jurisprudência;
– escassa importância do costume.

II. *Civil law* e *common law* têm **substratos culturais e religiosos** comuns. A **colonização** foi a via pela qual esses valores se expandiram para fora da Europa e, com eles, as respetivas conceções de direito.

Muito semelhantes surgem também os modelos de **organização do Estado** e de garantia dos **direitos dos cidadãos**, apesar dos diferentes ritmos históricos, marcados pelas Revoluções Francesa e Americana em contraste com o reformismo inglês. Paralelos foram ainda os caminhos que conduziram ao mesmo modelo económico de **economia de mercado**.

Este **liberalismo político-económico**, mais ou menos matizado por uma coloração social, não impunha porém tamanha convergência nos sistemas de fontes de direito. Ainda assim, exigia um mínimo de intervenção do Estado que se revela na **prevalência da lei** e na **subalternização do costume**.

Tais elementos não são porém "naturais" (na aceção jusnaturalista do termo), nem sequer comuns a todas as ordens jurídicas contemporâneas. Antes se confrontam com diferentes valores culturais e religiosos (v. g. direitos islâmicos), com outras conceções políticas, cívicas e económicas (v. g. direito chinês) e mesmo com sistemas em que o costume persiste como fonte de direito fundamental (v. g. alguns direitos africanos).

As referidas caraterísticas constituem afinal o *common core* dos direitos atualmente vigentes nas sociedades que compõem a chamada "civilização ocidental" (cfr. nº 133-I). Depois de findo o ciclo (que agora parece ter sido efémero) de proliferação de sistemas jurídicos de inspiração leninista, não será ousadia concluir que por estas duas famílias de direitos se distribuem todos os sistemas jurídicos europeus ou de forte influência europeia.

116. Diferenças entre os direitos de *common law* e os direitos de *civil law*
I. Como **elementos externos ou metajurídicos** próprios das sociedades onde se implantaram sistemas jurídicos de *common law*, sem correspondência nas sociedades de *civil law*, detetámos os seguintes:

– tendência para o pragmatismo e o empirismo;
– uso da língua inglesa.

II. Quanto aos **elementos históricos**, a diferença essencial consiste na receção do direito romano verificada nos direitos europeus continentais *versus* criação jurídica autónoma pelos tribunais medievais ingleses. A influência da Revolução Francesa só é especialmente determinante no primado da lei que carateriza o período moderno dos direitos de *civil law*, uma vez que a conceção liberal do Estado, por outras ou aparentadas vias, se inseriu também nos direitos de *common law*.

III. As particularidades do "espírito inglês" e o seu histórico isolacionismo explicam os contrastes entre o seu sistema jurídico e os das outras nações europeias.

Comparando os **elementos internos** caraterísticos das duas famílias de direitos, deparamos com um **núcleo central** de diferenças incidentes na importância relativa das **fontes de direito**.

Nos direitos romano-germânicos, vale o **primado da lei,** encarada como fonte normativa de referência para todas as questões jurígenas, enquanto o discurso dominante e oficial sobre a jurisprudência subalterniza a sua função, relegando-a para o plano das fontes mediatas.

Nos direitos de *common law*, **a primazia é atribuída à jurisprudência** (*case law*), fonte de revelação das normas jurídicas formadas ou esclarecidas através da aplicação pelos tribunais, segundo o princípio de *stare decisis*. Embora a densidade legal seja variável nas diferentes ordens jurídicas de *common law*, em todas elas existem importantes e extensas **áreas cobertas apenas ou predominantemente por normas de autónoma criação jurisprudencial** e, além disso, **a jurisprudência é sempre decisiva para a compreensão e aplicação da lei**, quando lei exista.

IV. Deste núcleo central de diferenças decorrem, como **corolários**, quase todas as outras que distinguem as duas famílias de direitos.

No plano das **conceções gerais**, um "direito dos juízes" situa a resolução de conflitos na essência da função jurídica e confere primazia ao direito processual sobre o direito substantivo. Pelo contrário, num "direito do legislador" faz-se fé na capacidade das normas jurídicas para servirem como regras de conduta, mesmo quando não haja conflito, e é normal afirmar a instrumentalização do direito processual em relação ao direito substantivo.

No âmbito das **fontes de direito**, a menor generalidade das previsões normativas nos sistemas de *common law* é conatural às regras jurisprudenciais e projeta-se nas regras legais tanto mais quanto menor seja a extensão que se lhes queira conceder.

A limitada importância da codificação, a prevalência do elemento literal na interpretação da lei e a sua subordinação ao precedente jurisprudencial, a inadmissibilidade ou relutância de aplicação analógica da lei são outras tantas consequências de uma atitude de desconfiança na regulação jurídica por via legislativa.

A perspetiva oposta consiste na crença quase fetichista nas virtualidades da lei, que tem pautado a posição dominante nos direitos romano-germânicos.

Em relação ao perfil das **profissões jurídicas**: a prevalência da formação prática e a preferência pelo recrutamento dos juízes entre juristas que anteriormente

COMPARAÇÃO ENTRE OS SISTEMAS ROMANOGERMÂNICOS E DE *COMMON LAW*

exerciam a profissão de advogado são ainda consequências da visão do *common law* como algo que principalmente se constrói na barra dos tribunais. Esta é também uma das explicações para o protagonismo conferido ao júri.

A importância da **doutrina**, a exigência de formação universitária dos *civil lawyers* e a estratificação das magistraturas em carreiras próprias são resultado de tradições históricas em que se encaixam perfeitamente os papéis do estudioso de textos sistémicos e do servidor público que aplica a lei.

V. Algumas diferenças detetadas, como as divisões estruturais entre *common law* e *equity* (nos direitos anglo-saxónicos) e entre direito público e direito privado (nos direitos romano-germânicos), são fruto de vicissitudes históricas cuja relevância está enfraquecida, não pertencendo já ao espírito central dos respetivos sistemas jurídicos. Subsiste contudo relevante contraste no controlo de legalidade dos atos da Administração Pública, que, nos sistemas de inspiração francesa, continua a pertencer à jurisdição administrativa, e, nos de *common law*, compete em última instância aos tribunais comuns.

Certas caraterísticas comuns aos sistemas jurídicos romano-germânicos (como a fiscalização da constitucionalidade das leis, a "geometria" das organizações judiciárias e a tendencial unidade da profissão de advogado) não surgem em oposição com todos os de *common law*. Se estão ausentes no direito inglês, ocorrem também, por exemplo, no direito norte-americano.

117. Tendências de aproximação

I. Está muito difundida a ideia de que as oposições entre *common law* e *civil law* se têm vindo a atenuar em resultado de tendências cruzadas de aproximação entre as suas caraterísticas. A questão foi formulada sob forma interrogativa, em relação aos direitos europeus, no título do ensaio de um jurista português (F. J. Bronze, *"Continentalização" do direito inglês ou "insularização" do direito continental?*), mas pode ser generalizada para todos os direitos pertencentes a estas duas famílias.

Na verdade, as marcas do **núcleo central** de diferenças parecem estar a reduzir-se: por um lado, é inegável a crescente presença da lei entre as fontes de direito nos sistemas de *common law*; por outro, torna-se cada vez mais notória a efetiva importância da jurisprudência nos sistemas romano-germânicos. Sob este segundo aspeto, talvez se não deva falar de aproximação, mas de consciência de uma efetiva proximidade que o legalismo obscureceu.

As tensões de aproximação são também visíveis em alguns dos aspetos que considerámos como **corolários** daquele núcleo central de diferenças.

Assim, o uso da codificação ao estilo romano-germânico vai-se difundindo em países como os Estados Unidos, mas nota-se igualmente, em países de *civil law*, alguma atração pela técnica legislativa específica dos direitos anglo-saxónicos.

INTRODUÇÃO AO DIREITO COMPARADO

É o que sucede com a prática (que das diretivas da União Europeia vem passando para as leis de transposição nos Estados membros) de incluir extensos glossários dos termos empregues em cada texto legislativo. Ainda mais impressionante é a adoção em França de um chamado *Code de la consommation* (1993) que claramente desvirtua as tradições romano-germânicas de codificação, imitando as técnicas anglo-saxónicas de compilação e consolidação de leis.

A abertura à utilização de elementos históricos, teleológicos e sistemáticos na interpretação da lei, a atenção dispensada à doutrina e a generalização da formação universitária dos juristas são também mudanças, nos direitos de *common law*, que diminuem a distância entre as duas famílias.

Em sentido inverso, a relevância da jurisprudência do Tribunal de Justiça da União Europeia como fonte do direito europeu constitui um bom exemplo da influência do modelo de *common law* nos Estados-membros que pertencem à Europa continental.

Deverá ainda salientar-se a influência que o pensamento jurídico anglo--americano e as soluções em institutos concretos (por exemplo, responsabilidade civil pelo risco, *class actions*) vêm exercendo na doutrina e nas soluções legislativas da Europa continental.

II. O direito comparado, especialmente na vertente da microcomparação, contribui também para a verificação de que a resolução substancial das questões jurídicas num determinado ordenamento de *common law* e num outro de *civil law* não é afinal tão diferente como se poderia esperar. Ao nível das soluções concretas, nem sempre as diferenças, por exemplo, entre o direito francês e alemão são menores do que as diferenças entre o direito francês e o inglês.

A principal dissemelhança entre direitos de *civil law* e de *common law* não reside nos resultados de aplicação das regras jurídicas, mas sim nos métodos do raciocínio jurídico e nas técnicas de descoberta do direito aplicável.

Há porém que recusar uma configuração caricatural das duas famílias de direitos, como se o *common law* fosse sempre e só aplicação de normas jurisprudenciais e os direitos romano-germânicos se reduzissem à aplicação subsuntiva da lei.

O que é realmente diferente é a atitude de espírito perante as fontes de direito. Ora sobre este aspeto a propalada aproximação não é assim tão acentuada. O jurista romano-germânico continua a sentir-se constrangido a referir-se à lei, mesmo que as regras aplicáveis sejam efetivamente de origem jurisprudencial ou consuetudinária. O *common lawyer* moderno não deixou de preferir a invocação de precedentes, ainda que apele para a aplicação de normas que originariamente foram criadas por via legislativa ou pelo costume.

Capítulo V
Sistemas jurídicos islâmicos

118. Questões metodológicas

I. No estudo introdutório das famílias jurídicas romano-germânica e de *common law*, foram considerados, em conjunto ou em separado, sistemas jurídicos concretos (direitos português, francês, alemão, inglês e norte-americano) acerca dos quais se recolheram os elementos homólogos selecionados para a grelha comparativa. Tal não nos é possível em relação à família de direitos islâmicos.

A limitação resulta da inacessibilidade das fontes originárias bastantes, por desconhecimento do árabe e de outras línguas em que a maior parte dessas fontes estão redigidas. Mesmo em países, como Marrocos ou o Paquistão, em que o francês ou o inglês são línguas muito divulgadas, as obras que as usam cobrem uma parte irregular e pouco significativa do conjunto das fontes.

Aplicando com rigor os cânones metodológicos da comparação, ter-se-ia de renunciar ao estudo destes sistemas jurídicos. Notar-se-á porém que alguns dos mais insignes comparatistas de cultura europeia, com restrições linguísticas similares, se atreveram a inserir nas suas obras análises e sínteses comparativas que abrangem quer os direitos islâmicos quer os direitos do Extremo-Oriente. As imprecisões são preço não excessivo para compensar a vantagem pedagógica de alargamento da macrocomparação para além do horizonte da chamada cultura ocidental.

Nesta linha, as fontes utilizadas na investigação foram muito variadas, mas quase todas secundárias. Com vista a minorar a probabilidade de erro, procurou--se, ainda assim, fazer alguma aproximação às fontes primárias, recorrendo quer à sua tradução direta das fontes originais (por exemplo, do Corão, de livros da Suna, das Constituições e de alguns códigos modernos) quer a obras de autores islâmicos redigidas em línguas europeias.

INTRODUÇÃO AO DIREITO COMPARADO

Pelas razões apontadas, não é possível preencher a grelha comparativa em relação a qualquer sistema jurídico nacional. Cada uma das sínteses parcelares sofre portanto do defeito de escassez de dados analíticos, resultando sobrevalorizado o cruzamento entre conclusões extraídas de ensaios e de outras obras doutrinárias de síntese.

II. Uma dificuldade adicional respeita à grafia das palavras árabes ou de origem árabe. A solução adotada consistiu, conforme a maior ou menor frequência do vocábulo, em aportuguesar a palavra original – por exemplo, xaria, Corão – ou manter a palavra original em carateres latinos. Na primeira solução, a inspiração foi, tanto quanto possível, recolhida nos poucos textos escritos em português sobre a matéria, com preferência sobre fontes secundárias escritas noutras línguas europeias.

As referências a datas e a séculos seguem o calendário gregoriano.

§ 41º O ISLÃO E A XARIA

119. Religião islâmica
I. **Maomé** nasceu em Meca, na península da Arábia, cerca do ano 570 d. C. Condutor de caravanas de profissão, terá recebido de Deus (Alá), através do arcanjo Gabriel, a revelação progressiva do Corão a partir do ano 612. Pregando, sem sucesso, contra o paganismo, viu-se forçado a deixar Meca com os companheiros, dirigindo-se a Medina na noite de 16 para 17 de Julho de 622. Este êxodo (Hégira) marca o início da era muçulmana. Reconhecido em Medina como chefe religioso e político, em 630 regressou como triunfador a Meca, onde morreu em 632.

A religião islâmica expandiu-se rapidamente e, com ela, o poderio político dos califas, sucessores de Maomé. Em meados do século VIII, governando a dinastia omíada, as suas fronteiras estendiam-se dos Pirenéus às portas da Índia, depois das conquistas da Síria, da Palestina, do Iraque, do Egito, do Irão, do Afeganistão, do norte de África e de quase toda a península ibérica.

Após dissidências e cisões, a unidade formal terminou com a morte em 1258 do último califa legítimo, coincidente com a destruição de Bagdad pelos mongóis. Mas a influência política islâmica, dispersa embora por diversos Estados, manteve-se muito forte até ao declínio e à queda do Império otomano na passagem do século XIX para o século XX.

Na atualidade os muçulmanos ascendem a perto de mil e quinhentos milhões, dispersos por quase todos os países do mundo, em muitos dos quais (mais de 40) constituem a maioria da população.

II. **Islão** significa submissão (absoluta) à vontade de Deus. Muçulmano é aquele que se submete à vontade de Deus. Também se diz que Islão significa paz e repouso, mas estes são já sentidos translatos. O Islão designa ainda a comunidade (*Umma*) das pessoas que professam a religião islâmica ou muçulmana. Sendo uma religião, o Islão ultrapassa o âmbito de outras religiões, porque é também, desde a sua origem, um sistema social e político de vocação universal.

O islamismo é uma religião monoteísta, que pretende superar o judaísmo e o cristianismo, com base em "cinco pilares".

O princípio fundamental consiste numa profissão de fé: "Só Alá é Deus e Maomé é o seu profeta", ao qual acrescem quatro obrigações individuais aplicáveis a todos os crentes:

– oração cinco vezes por dia;
– jejum no mês do Ramadão, desde o nascer ao pôr do sol;
– esmola aos pobres (*zakat*);
– peregrinação a Meca pelo menos uma vez na vida.

Alguns referem ainda, como obrigação coletiva, a guerra santa (*jihad*) contra os infiéis, mas a existência e as circunstâncias de uma tal obrigação estão longe de ser claras.

Embora não tenham dignidade religiosa tão elevada, são múltiplas as regras de comportamento social que decorrem da religião islâmica. Refiram-se, a título de exemplo, as proibições de consumo de bebidas alcoólicas e de carne de porco, a proibição de representar figuras humanas, a imposição às mulheres de cobrirem o corpo.

120. Xaria: sentido e fontes

I. A xaria (palavra árabe que, à letra, significa a via correta, o verdadeiro caminho) é o conjunto das regras reveladas que os muçulmanos devem observar. A equivalência semântica de xaria com "direito islâmico" só é válida, se se advertir que, por efeito da amplitude do islamismo, não existe separação clara entre direito e religião.

A xaria tende por isso a cobrir todas as áreas da vida ou, pelo menos, a abarcar aspetos que, noutros sistemas normativos, seriam considerados de natureza religiosa, moral ou de mera conveniência social.

Se a xaria corresponde, nestes termos, ao direito objetivo, *fiqh* é a palavra árabe que, de modo homólogo, designa o saber jurídico, a ciência do direito, no sentido de ciência das normas que se extraem da xaria.

II. As **fontes** da xaria (*usul al-fiqh*) podem subdividir-se em primárias e secundárias. São fontes primárias o Corão e a tradição. São fontes secundárias o consenso e a analogia.

INTRODUÇÃO AO DIREITO COMPARADO

III. O **Corão** (palavra que significa leitura, recitação, proclamação) contém as revelações feitas a Maomé que este ditou aos seus companheiros. Mais tarde, foi oficialmente redigido (em árabe clássico) por ordem de Oman, terceiro califa (644-656), que ordenou a destruição do conjunto dos documentos e das versões que serviram de base a esta redação. Os muçulmanos acreditam que Deus é o verdadeiro autor do Corão.

O Corão compõe-se de cerca de 6200 versículos, agrupados em 114 capítulos (suras) seriados, com exceção do primeiro, por ordem decrescente de dimensão.

O discurso contém exortações, ameaças escatológicas, apelos apologéticos, prescrições morais e rituais. Não é obra exclusivamente jurídica, mas inclui cerca de 500 ou 600 versículos com regras de conduta, parte das quais se podem considerar como regras de direito propriamente dito, especialmente direito da família, direito das sucessões e direito penal, mas também direito dos contratos e das obrigações e até direito financeiro, direito constitucional e direito internacional.

Alguns exemplos: permissão da poligamia ("Se temeis não ser justos para as órfãs, casai com as que vos agradem, duas, três ou até quatro. Se temeis não ser equitativos, casai-vos só com uma, de acordo com o que está ao vosso alcance" – Corão, IV, 3); direito de repúdio da mulher pelo marido (Corão, II, 226 ss, LXV); regras de direito sucessório (Corão, IV, 2 ss); proibição do juro (*riba*, Corão, II, 275 ss); pena de flagelação ("À adúltera e ao adúltero a cada um deles dai cem açoites" – Corão, XXIV, 2).

IV. A tradição de Maomé ou *suna* (palavra que significa comportamento) refere-se aos costumes e bons exemplos do Profeta (cfr. Corão, XXX, 21) constantes dos hadites. Cada hadite é composto por dois elementos: a parte material, decorrente da narrativa (de palavras, de atos, de silêncios do Profeta), e a parte histórica, na qual se enuncia a cadeia oral dos transmissores, que serve de suporte, de apoio, de demonstração de autenticidade. Existem cerca de um milhão de hadites, colecionados em diversas obras (a primeira data de 750), com diferente autoridade (perfeita, boa e duvidosa). Entre eles, avultam os "seis livros", dos quais os de Al-Bukhari e de Muslim (escritos no século IX) são considerados de autoridade perfeita.

Há cerca de 2000 a 3000 hadites com conteúdo jurídico (por exemplo, o direito de os pais darem os filhos menores em casamento ou a proibição do juro ou de vender frutos que não estejam em boas condições).

V. O consenso unânime da comunidade muçulmana (*ijma*), considerada infalível, reporta-se na verdade ao consenso de qualificados teólogos-juristas (*ulema*), segundo critérios variáveis conforme a escola que se perfilhe.

O raciocínio por analogia (*quiás*) destina-se ao preenchimento de lacunas (por exemplo, a designação de tutor ao demente por analogia com a designação de tutor ao menor).

VI. A admissibilidade de outras fontes é discutível. Entres elas, podem referir--se o esforço individual e independente (*ijtihad*) para a compreensão e a aplicação racional de outras fontes, o comentário ou explicação (*tafsir*) do Corão ou da Suna por juristas ou teólogos, o costume, a jurisprudência e o decreto (*fatwa*) emitido em resposta a questões colocadas a teólogos.

VII. As divergências e variantes acerca do elenco e do alcance das fontes da xaria, assim como de outros aspetos de entendimento da xaria e das instituições islâmicas, refletem as divisões do mundo islâmico entre a maioria **sunita** e a minoria **xiita** e, em menor grau, as quatro **escolas** (ou ritos) sunitas principais, formadas nos séculos VIII e IX: hanafita, maliquita, xafeíta e hambalita.

Os xiitas representam apenas um pouco mais de 10% dos muçulmanos, mas são maioritários no Irão e no Iraque. Separaram-se historicamente dos sunitas por terem tomado partido (xia) a favor de Ali, marido de Fatma, genro e primo de Maomé, considerado como o seu único sucessor legítimo. Os xiitas, ao contrário dos sunitas, reconhecem a existência de clero (imãs, aiatolas). Diferenças materiais verificam-se no entendimento das fontes da xaria, divergindo dos sunitas na medida em que estes sustentam que "a porta do esforço" de interpretação da xaria se fechou no século X. Há ainda diferenças menores como a permissão, entre os xiitas, de casamento temporário, expressamente regulado nos artigos 1075 a 1077 do Código Civil do Irão em vigor.

121. Caraterísticas da xaria

I. Considerando o que antecede, podem atribuir-se à xaria, enquanto sistema normativo, as seguintes caraterísticas:

- quanto à origem, é revelado e portanto sagrado e dogmático (a justificação das regras provém da sua própria existência);
- tende, por isso, a ser imutável no tempo e no espaço;
- a sua estrutura é muito heterogénea e muito variável o seu grau de sistematicidade; princípios com elevado grau de abstração coexistem com prescrições de base empírica e casuística;
- quanto ao âmbito de aplicação, predomina o critério pessoal; a xaria vigora tendencialmente para todos os muçulmanos, seja qual for a sua nacionalidade e o seu domicílio;

INTRODUÇÃO AO DIREITO COMPARADO

- quanto ao âmbito material, o sistema é completo e universal (sem distinção nítida entre temporal e espiritual), incluindo regras (que noutros sistemas se diriam) jurídicas, políticas, morais e religiosas, que constituem o somatório de todas as ações humanas, dos direitos e dos deveres de cada indivíduo, em todas as situações da vida;
- finalmente, quanto à hierarquia de interesses, o interesse comunitário (o bem comum) predomina sobre os interesses individuais.

II. A coincidência destas caraterísticas da xaria, em especial da imutabilidade e da universalidade, conduziria à sua efetiva inaplicabilidade aos tempos modernos, se não fosse acompanhada de outros elementos complementares e corretivos.

Por um lado, a xaria tem sido objeto de profundas e, por vezes, sofisticadas construções teóricas, que aproveitam até ao limite as ambiguidades textuais e as divergências na sua interpretação.

Por outro lado, os estudiosos e os aplicadores da xaria são peritos na adaptação das regras, evitando com maior ou menor sucesso a sua aparente adulteração. Para o efeito, usam, sempre que a vida prática o exige, a **ficção** (*hiyal*), o subterfúgio e a simulação. Assim se consegue corrigir, em parte, a imutabilidade e o arcaísmo.

Muito difundidos estão, por exemplo, os expedientes destinados a contornar a proibição do **juro**, incompatível com as necessidades de financiamento. Para o efeito, tem-se recorrido a figuras de complexidade diversa, tais como a venda a pronto e a recompra a prazo do mesmo bem por preço mais alto, estipuladas em simultâneo, ou a estipulação de garantia real sobre bens geradores de rendimentos que revertem para o mutuante ou a qualificação de financiamentos bancários como contratos de prestação de serviço pelos quais são devidas comissões.

Nos tempos mais recentes também as regras estritas da xaria sobre a posição da **mulher** na família se apresentam em colisão com o modo de vida e as convicções de algumas comunidades em meios urbanos mais progressistas. Assim, para impedir ou flexibilizar os efeitos da poligamia, engendraram-se cláusulas da convenção antenupcial que, para a hipótese de segundo casamento do marido, estabelecem a necessidade de acordo da primeira esposa ou uma indemnização a pagar pelo marido. Semelhante alcance tem a procuração passada pelo marido à mulher conferindo a esta poderes para, em nome do marido, se "auto-repudiar", o que na prática funciona como instrumento para reequilibrar o poder de dissolver o casamento, concedido pela xaria unicamente ao marido.

§ 42º EVOLUÇÃO E ATUALIDADE DOS DIREITOS ISLÂMICOS

122. Do passado glorioso à modernização

I. Durante treze séculos, **desde a Hégira até meados do século XIX,** a história do direito vigente no mundo islâmico correspondeu aproximadamente à história da xaria.

Durante todo este tempo, salvo raras exceções, a única fonte complementar da xaria que era reconhecida era o costume, que servia para o preenchimento das lacunas da xaria, se não fosse desconforme com as suas regras. As restantes inadaptações iam-se resolvendo através da ficção.

II. Este relativo equilíbrio começou a ser quebrado com a progressiva evidência das omissões quase absolutas da xaria em certas áreas (v. g. nos direitos administrativo e fiscal e, mais tarde, no direito dos mercados públicos) e a inadequação sentida em muitas outras, especialmente no âmbito do direito privado patrimonial.

Sob influência europeia, a **modernização** dos direitos islâmicos consistiu essencialmente na criação em cada um dos Estados islâmicos de direitos de base legislativa, cada um dos quais distinto dos outros e do direito islâmico comum e tradicional (a xaria). Não se verificou todavia um fenómeno de revogação ou de substituição total do antigo pelos novos sistemas.

III. Nesta reforma, teve papel preponderante a **codificação.**

Alguns códigos foram estruturados e redigidos segundo modelos europeus, por exemplo, no Egito (Código Penal, de 1855, códigos civis, de 1875 e de 1948), e no Irão (Código Penal, de 1806, Código Civil de 1927-35). Este, ainda em vigor no essencial, inclui também as matérias relativas aos direitos da família e sucessões. Mais frequente foi a codificação separada de regras do estatuto pessoal, por exemplo, no Egito (1920 e 1929) e em Marrocos (*mudawwanna*, 1957-58).

Mais radical foi a reforma legislativa empreendida na Turquia por Mustapha Kemal dito Ataturk, em 1926. No âmbito da laicização do Estado, foi promulgado o Código Civil turco que é praticamente a tradução dos códigos civil e das obrigações suíços, que, vigorando desde 1915, era então a legislação civil mais moderna. A rutura não excluiu sequer o direito da família que foi também decalcado sobre o direito suíço.

IV. Salvaguardados os casos extremos de laicização oficial (Turquia, Albânia, Estados do sudeste da União Soviética) e de plena subsistência de regimes religiosos (por exemplo, Arábia Saudita e outros países da península arábica) – o balanço da situação nos anos subsequentes à 2ª guerra mundial apontava para

INTRODUÇÃO AO DIREITO COMPARADO

o declínio da supremacia da xaria nos sistemas jurídicos vigentes nos Estados de população muçulmana maioritária.

Embora em diversos graus, o direito islâmico propriamente dito tendia a limitar-se ao estatuto pessoal e familiar, os tribunais religiosos tinham sido extintos ou viam a sua competência restrita a questões específicas, algumas instituições tradicionais (como o repúdio e a proibição do juro) começavam a encontrar resistência social ou obstáculo legal (por exemplo, proibição da poligamia na Tunísia, em 1956).

123. O ressurgimento islâmico

I. A guerra israelo-árabe de 1967 (conhecida como **Guerra dos Seis Dias**) terá sido a causa próxima de ressentimentos geradores do ressurgimento islâmico, isto é, da revalorização da religião e da espiritualidade islâmicas, em reação contra o modo de vida "ocidental" desencadeado e proporcionado pelo desenvolvimento económico e por certas expressões de modernidade. A forma política extrema desse ressurgimento conduziu ao chamado fundamentalismo islâmico. No plano jurídico, implica o retorno à pureza da xaria.

II. O ressurgimento islâmico assumiu nalguns países forma revolucionária, tornando-se em doutrina do Estado ou da classe política dominante.

Em 1979, no **Irão**, país de maioria xiita, a revolução liderada pelo aiatola Khomeini conduziu ao derrube do regime reformista do xá Reza Palevi, substituído por uma República islâmica teocrática, governada por um Conselho de Protetores, que, segundo a Constituição, está encarregado de assegurar a conformidade das leis e da governação com os princípios islâmicos. As prescrições religiosas (*fatwa*) retomaram autoridade. O direito penal corânico foi restabelecido.

No **Afeganistão**, país de maioria sunita, o poder político foi exercido, entre 1996 e 2001, pelos *taliban* (estudantes do saber islâmico), que instituíram o Emirato Islâmico do Afeganistão, chefiado por um Emir da Fé. O regime instaurou a aplicação estrita da xaria. Os efeitos mais espetaculares fizeram-se sentir na intolerância religiosa (de que é exemplo a destruição de estátuas budistas pré-islâmicas), nos costumes (proibição absoluta de fotografias e do cinema, de acesso à rádio, à televisão e à internet) e na discriminação contra as mulheres (interdição de trabalho fora do lar e da frequência das escolas, além de rigorosas medidas sobre o vestuário).

O retorno à xaria não se limita a estes casos limite, verificando-se um pouco por todo o mundo islâmico. O sinal mais evidente encontra-se nos textos constitucionais, onde, mesmo em Estados moderados, o papel da xaria como fonte de direito foi introduzido, reintroduzido ou reforçado.

III. Não é ainda claro que efeito, em profundidade, terão as intervenções militares "ocidentais" no Afeganistão (2001) e no Iraque (2003), onde foram aprovadas Constituições em 2004 e 2005, a que adiante se fará referência. Menos clara ainda é a repercussão das revoltas populares no Magreb, em 2011 (Tunísia, Egito, Líbia), que ficaram conhecidas como "primavera árabe". Parece que as proclamadas tendências democráticas, que conduziram à eliminação de regimes autocráticos (mas com marcas laicas), vão afinal evoluir para a instauração de "democracias islâmicas", com predomínio da xaria.

124. A diversidade de sistemas jurídicos islâmicos na atualidade

I. Antes de mais, é indispensável distinguir:

- o **direito islâmico** (equivalente a xaria ou a *fiqh*, conforme o sentido em que a expressão é usada), sistema normativo de referência que atualmente não vigora exclusiva e integralmente em parte alguma do mundo;
- os **direitos islâmicos** (cujo conjunto constitui a família de direitos islâmicos, uma das três grandes famílias de direitos contemporâneos), qualificação que atribuímos aos sistemas jurídicos em que a xaria é fonte de direito e o Islão é a religião do Estado;
- os **direitos dos países islâmicos** (onde a maioria ou uma forte minoria da população professa a religião islâmica); inclui sistemas jurídicos que não pertencem à família de direitos islâmicos (v. g. Turquia, Cazaquistão, Guiné-Bissau, todos eles mais próximos da família de direitos romano--germânicos).

A relação entre o direito islâmico (direito revelado) e os direitos islâmicos (efetivamente vigentes em cada um dos Estados islâmicos) tem atualmente alguma semelhança com a distinção entre **direito natural e direito positivo**, tal como é usada na ciência jurídica de raiz europeia.

II. Os direitos islâmicos, em sentido próprio, apresentam entre si, para além dos referidos elementos comuns e de semelhanças parcelares, múltiplas diferenças, por vezes profundas, em todos os traços caraterísticos de um sistema jurídico.

É ainda assim admissível distribuir os sistemas jurídicos islâmicos por vários grupos, conforme o grau de influência da xaria, combinado com a influência dos direitos europeus:

1º grupo – sistemas com elevado grau de influência da xaria, abrangendo pelo menos o domínio dos direitos pessoal, familiar e penal: Arábia Saudita, Oman, Qatar, Emiratos Árabes Unidos, Iémen, Sudão, Irão, Paquistão;

INTRODUÇÃO AO DIREITO COMPARADO

2º grupo – sistemas híbridos com marca romanista, em que a influência efetiva da xaria é, no essencial, restrita ao estatuto familiar: Marrocos, Argélia, Jordânia, Síria, Líbano, Iraque, Kuwait, Mali, Chad, Guiné, Costa do Marfim, Níger, Senegal, Indonésia;

3º grupo – sistemas híbridos de influência de *common law* combinada com estatuto familiar de base islâmica: Bangladesh, Malásia, Nigéria, Gâmbia.

A instabilidade das situações na Líbia, na Tunísia e no Egito desaconselha a colocação em qualquer dos grupos.

§ 43º FONTES DE DIREITO

125. Elenco

I. Em todos os sistemas jurídicos islâmicos contemporâneos, são fontes primárias de direito, pacificamente aceites como tal: a Constituição; os Códigos e outras leis; a xaria.

II. Outras fontes de direito são também reconhecidas, em termos que variam de sistema para sistema: o costume, com importância atual decrescente, é aceite como fonte de direito, desde que não contrarie nem a xaria nem a lei estadual; a jurisprudência, em especial nos Estados influenciados pelo *common law*; a doutrina, seja aquela que se construiu e constrói sobre a xaria (*fiqh*) seja aquela que se vem desenvolvendo em torno de cada um dos sistemas jurídicos atuais.

126. Constituição

I. Em quase todos os Estados islâmicos modernos existe uma Constituição concebida como lei fundamental do Estado, onde se dispõe acerca da organização do poder político e dos direitos dos cidadãos. Na Arábia Saudita, o Corão e a Suna constituem oficialmente a Constituição do Reino, nos termos do artigo 1º da Lei Fundamental de 1992.

Não existe uma doutrina constitucional comum aos Estados islâmicos, sendo necessário distinguir entre os princípios da xaria e a realidade, que variou ao longo da História e se carateriza por uma forte diversidade atual.

A **conceção islâmica** maioritária sustenta a origem divina da soberania ou mesmo que a soberania pertence a Deus. Só por delegação atribuída ao povo (sunismo) ou à família do Profeta (xiismo) a autoridade pode ser exercida pelo chefe, que detém tanto o poder temporal como o poder religioso. Não há contudo formas rígidas de escolha. A restauração do califado unitário não passa hoje de utopia.

A consagração do islamismo como religião oficial do Estado e/ou a menção da xaria como fonte de Direito constam atualmente da Constituição de cerca de 30 países.

Neste conjunto, são variadas as formas de organização política, mas a maioria das Constituições toma como referência a democracia. Nem sempre a esta palavra correspondem, na enunciação programática ou na aplicação efetiva, modelos políticos com eleições livres e pluripartidarismo. Já se defendeu até que há um conceito diferenciado de "democracia conforme ao Islão".

Algumas constituições, como as da Argélia e da Mauritânia, declaram que "o povo é a fonte de todo o poder" e que "a soberania nacional pertence exclusivamente ao povo". Muito diferente é a máxima constante da Lei Fundamental da Arábia Saudita, segundo a qual "o poder do governo provém do Sagrado Corão e da tradição do Profeta".

As constituições do Afeganistão, 2004, e do Iraque, de 2005, invocam nos preâmbulos o nome de Deus e declaram o Islão religião oficial do Estado. A Constituição do Iraque (mas não a Constituição do Afeganistão) proclamam a democracia como princípio fundamental.

II. As Constituições de Estados islâmicos consagram também, em graus e estilos diversos, um elenco de **direitos fundamentais**. Algumas adotam fórmulas próximas das Constituições europeias. A Constituição do Afeganistão de 2004 prescreve a observância da Declaração Universal dos Direitos do Homem (artigo 7º).

Outras Constituições não disfarçam o alcance restrito desses direitos. Um caso limite é o da Lei Básica da Arábia Saudita que, no artigo 26º, declara que "o Estado protege os direitos humanos de acordo com as normas da xaria islâmica".

Os pontos críticos são geralmente a **liberdade religiosa** e a igualdade entre homens e mulheres, frequentemente omissos, vagos ou com limitações explícitas ou implícitas.

Por exemplo, o preceito que estabelece o princípio da igualdade é omisso em relação à não discriminação em função da religião em constituições de Estados relativamente liberais como a Argélia e Marrocos. Na Constituição do Irão, revista após a Revolução de 1979, os direitos dos não-muçulmanos são assegurados "em conformidade com os princípios da justiça e da equidade islâmicas". Pelo contrário, a Constituição do Sudão reconhece a minoria cristã e garante o direito de liberdade religiosa, que é igualmente reconhecida nas constituições vigentes no Afeganistão e no Iraque.

Mais problemática é ainda a **igualdade em função do sexo**. Na Constituição marroquina, declara-se, sem mais, que "o homem e mulher gozam de direitos *políticos* iguais". Na Constituição do Irão, em que o princípio da não discriminação em função do sexo é também omisso, um preceito autónomo "assegura os direitos das mulheres, em conformidade com critérios islâmicos", que, em concretização analítica, revelam clara conservação do seu tradicional papel na família.

INTRODUÇÃO AO DIREITO COMPARADO

As constituições vigentes no Afeganistão e no Iraque (depois das intervenções militares dos Estados Unidos) proclamam, respetivamente, igualdade de homem e mulher e igualdade sem discriminação de género.

127. Códigos e outras leis

Na modernização dos direitos dos Estados muçulmanos a partir do século XIX, a legislação e a codificação desempenharam uma função prioritária. O ressurgimento islâmico não travou este processo, conformando o conteúdo de algumas leis mas não a continuidade da sua aprovação. A lei é atualmente, também nos sistemas jurídicos islâmicos, a **principal fonte de direito**.

Nalgumas matérias (como o investimento estrangeiro, a arbitragem ou a propriedade intelectual) não há Estado islâmico que não disponha das suas próprias leis, sem grande oportunidade para o espírito da xaria se fazer sentir de modo significativo.

A codificação mantém-se, ou prossegue, com a revisão dos velhos códigos, a sua substituição ou a promulgação de novos códigos.

Os códigos civis têm âmbito variável. Uns, como o Código Civil do Irão (de base xiita, mas estruturado à maneira do Código Civil francês), abrangem todo o direito civil, incluindo direitos reais, da família e das sucessões. Outros incluem apenas obrigações e contratos, como sucede em Marrocos (1995). A maioria exclui o estatuto pessoal (relações familiares e sucessórias), que é objeto de códigos autónomos.

128. A xaria como fonte de direito atual

I. Em todos os sistemas jurídicos islâmicos, as regras da xaria estão, de há muito, inseridas no conjunto mais vasto e complexo de fontes de direito, em relação complexa, e por vezes equívoca, com a lei e com outras fontes de direito de origem estadual. O **ressurgimento islâmico** consistiu no reforço, formal e substancial, da xaria como fonte de direito.

O sinal mais forte resulta da letra da maioria das Constituições islâmicas que, a par da declaração do Islão como religião oficial, inclui atualmente a afirmação de que a **xaria** constitui *uma* fonte principal de direito ou mesmo *a* **principal fonte de direito**. Sintomática foi a alteração da Constituição do Egito, de 1971, que, na revisão de 1980, substituiu a primeira pela segunda formulação, mantida pela Declaração Constitucional de 2011.

Alguns textos dos mais significativos:

"Todas as disposições legais e regulamentares de natureza civil, criminal, financeira, económica, administrativa, cultural, militar, política e outras se devem basear nos princípios islâmicos" (Constituição do Irão, de 1979, artigo 4º).

"Os tribunais devem aplicar as regras da Xaria Islâmica aos casos que lhes sejam submetidos, de acordo com o que está indicado no Livro e na Suna e nas leis decretadas pelo legislador que não contrariem o Livro ou a Suna" (Lei Fundamental da Arábia Saudita, de 1992, artigo 48º).

A Constituição do Afeganistão de 2004 declara que a lei não pode contrariar o Islão. A Constituição do Iraque de 2005 reconhece o Islão como *uma* fonte de direito, não podendo a lei contrariar nem o Islão nem a democracia.

II. Na generalidade dos Estados os programas de islamização da lei têm tido desenvolvimento irregular e até sinuoso. Dois exemplos verificados num país, o Egito, que constitui uma espécie de charneira da evolução:

No sentido da **islamização:** A lei Jihane (1979) considerava o segundo casamento polígamo como fundamento de divórcio pelo prejuízo causado à primeira mulher, o que era interpretado como uma cláusula implícita de monogamia inserida no contrato de casamento. Depois de uma lei de 1985, adotado sob a pressão das correntes tradicionalistas, é necessário que a primeira mulher faça a prova de efetivo prejuízo, material ou moral, o que na prática significa facilitar a poligamia.

No sentido da **contenção** da islamização: O artigo 226º do Código Civil egípcio permite a cobrança de juros de mora. Em sentença proferida em 1985, o Tribunal Constitucional egípcio decidiu que este preceito não é inconstitucional por violação do artigo 2º da Constituição que considera a xaria como a principal fonte de direito, porque este princípio responsabiliza o Governo em termos políticos e não em termos jurídicos, estando a sua implementação dependente de alteração expressa da legislação.

No mesmo sentido, um exemplo extraído do Código argelino da família de 1984 (artigo 8º):

"É permitido contrair casamento com mais de uma esposa nos limites da xaria, se houver motivo justificado, se estiverem reunidas condições de equidade e após informação prévia das anteriores e das futuras esposas [...]."

A permissão da poligamia, enunciada nestes termos, é acompanhada de tais restrições que quase equivale à sua proibição.

129. Dualidade dos sistemas e hierarquia das fontes

Da exposição antecedente sobre as fontes de direito nos sistemas jurídicos islâmicos podem extrair-se algumas conclusões.

Os direitos islâmicos atuais caraterizam-se pela **coexistência**, ora integrada ora parcialmente desarticulada, de duas ordens normativas com origem, fundamento, âmbito e natureza diferentes:

INTRODUÇÃO AO DIREITO COMPARADO

– a xaria, sistema de normas legitimado pela revelação, que ultrapassa a sua base religiosa para se projetar em toda a vida social;
– o direito positivo, de reconhecida origem humana, atualmente composto primordialmente por regras prescritas pelas autoridades estaduais.

Esta dualidade gera contradições, conflitos normativos e ambiguidades: contradições, porque a profundidade da dimensão religiosa das sociedades islâmicas não evita no direito que efetivamente se aplica um certo recuo da normatividade intrinsecamente islâmica; conflitos normativos, porque, se a xaria completa a lei na ordem estadual, é ela própria a lei por excelência na ordem islâmica; ambiguidades, porque nem sempre existem normas que resolvam abertamente tais conflitos.

Tal dualidade é porventura mais óbvia no direito da família e das sucessões. Mas a ela não escapa também o direito dos contratos, em que a lei ora convive com as regras da xaria e dela recebe influência, designadamente quanto à proibição de *riba* e do contrato de seguro, ora a contradiz de modo claro ou sub-reptício.

Mas, na prática, a lei é a principal fonte de legitimação do direito e é encarada com mais naturalidade do que a xaria enquanto fonte atual de direito. Na verdade, é a lei do Estado, com destaque para a Constituição, que faz referência à xaria (e não o inverso). Paradoxalmente, a xaria vê assim reforçada a sua legitimação.

§ 44º ORGANIZAÇÃO JUDICIÁRIA E PROFISSÕES JURÍDICAS

130. Os tribunais da xaria

I. O **cádi** (com esta ou outra designação) é o principal personagem da administração da justiça, o juiz, no direito islâmico tradicional.

Originariamente, o cádi era o funcionário designado para administração da justiça pelo califa ou pelo governador local, a quem estava subordinado. Depois de lenta evolução, que prosseguiu até aos nossos dias, o cádi assumiu a qualidade de magistrado, dotado de uma certa independência, limitada porém pela nomeação pela autoridade política (sultão, rei, governo).

Os clássicos tribunais do cádi eram tribunais singulares, não hierarquizados, com competência para decidir qualquer litígio entre muçulmanos a que se aplicasse a xaria. As sentenças do cádi não tinham de ser fundamentadas, não formavam caso julgado, não admitiam recurso e não constituíam precedente.

II. Diz-se, por vezes, que os tribunais do cádi são tribunais religiosos. Esta qualificação não é exata. Melhor será dizer que são tribunais da xaria, ordem normativa que não se circunscreve a normas de índole religiosa. As expressões "tribunais da xaria" e "juízes da xaria" permitem aliás generalizar a referência, de modo a incluir outros tribunais islâmicos de natureza semelhante, ainda que na sua designação não entre a palavra "cádi", de origem árabe.

Os cádis não exercem apenas funções de natureza jurisdicional. Também têm (ou tiveram) funções de jurisconsulto (emissão de pareceres sobre questões compreendidas na xaria) e funções notariais (certificação da autenticidade de certos atos, como o casamento, o testamento, a doação, o repúdio e alguns contratos).

III. A modernização dos direitos islâmicos não atingiu apenas as fontes de direito. O declínio da xaria projetou-se também nas correspondentes instituições de aplicação. Os tribunais do cádi – alvo de críticas internas por permeabilidade à corrupção, preparação insuficiente dos juízes e indefinição de competências – viram naturalmente as suas funções reduzidas na exata medida da ampliação das fontes de origem estadual.

Os cádis nunca tiveram aliás o monopólio da resolução de litígios nos países islâmicos. Com eles coexistiram ao longo dos tempos quer outras instâncias (de natureza administrativa ou policial) quer tribunais comunitários competentes para a aplicação de direito consuetudinário profano, que sempre foi mais ou menos tolerado.

Mas os grandes concorrentes dos tribunais da xaria foram os tribunais estaduais, criados ou reorganizados em cada país islâmico, em situação de submissão ou no exercício da soberania, mas em qualquer caso estruturados à imagem dos Estados europeus, em especial daquele que sobre cada um desses países maior influência política e cultural exerceu. Gradual ou abruptamente, os tribunais do Estado foram substituindo os tribunais da xaria. Nalguns Estados, estes foram pura e simplesmente abolidos. Foi o que sucedeu na Turquia, em 1926, com Ataturk, e nos Estados integrados na URSS (1917), mas também em Estados que se mantêm na família de direitos islâmicos, como a Tunísia (1955), o Egito (1956), a Argélia (1965).

Este processo sofreu contudo nos últimos anos alguma involução, que, em cada Estado, exprime a maior ou menor intensidade da re-islamização. Os tribunais da xaria foram restabelecidos, por exemplo, no Irão e no Paquistão, em 1979.

131. Organização judiciária contemporânea

I. Com uma evolução assimétrica, a organização judiciária dos Estados islâmicos não tem atualmente uma fórmula única nem sequer se vislumbra uma fórmula dominante. Comum a todos é apenas a existência de tribunais estaduais, estruturados hierarquicamente. Em comparação com o passado, é lícito todavia discernir dois grupos de sistemas:

INTRODUÇÃO AO DIREITO COMPARADO

1º – Sistemas de organização judiciária unitária, em que apenas se reconhecem tribunais estaduais que aplicam normas de qualquer natureza, incluindo normas da xaria.

Esta unidade sistemática não obsta à subsistência nalguns Estados de juízes com formação especial no *fiqh* ou de tribunais vocacionados para a aplicação da xaria, integrados porém numa estrutura judicial única.

2º – Sistemas de organização judiciária dualista, em que os tribunais da xaria, mantidos (v. g. na Arábia Saudita e noutros Estados da península arábica, na Nigéria) ou restabelecidos (Irão, Paquistão), coexistem com uma estrutura judicial estadual, de natureza secular.

Qualquer dos sistemas é compatível com a existência de um Tribunal Constitucional. É o que verifica em sistemas de organização judiciária unitária, como o Egito e a Argélia (neste, Conselho Constitucional, de modelo francês), mas também em sistemas dualistas, como o Kuwait.

II. Como alternativa à resolução de litígios pelos tribunais estaduais e da xaria, admite-se a arbitragem, incluindo em matéria familiar regida pela xaria.

132. Profissões jurídicas e formação profissional

I. A dualidade essencial dos sistemas jurídicos islâmicos contemporâneos projeta-se na dualidade de perfil dos profissionais a quem compete a aplicação deste conjunto normativo complexo.

Por um lado, persistem os especialistas da xaria (cada um dos quais toma o nome de *alim, mullah* ou *fuqayaň,* conforme a língua adotada no respetivo país). Há quem os caraterize como sendo simultaneamente teólogos e juristas, mas uma tal duplicidade desvanece-se e resolve-se perante o caráter universal da xaria.

Nos tribunais do cádi, este deve ser muçulmano, de sexo masculino e púbere. As suas funções, que aos olhos dos não muçulmanos parecem quase sacerdotais, eram de início exercidas a título gratuito, mas admite-se que sejam remuneradas. Nos mesmos tribunais, só recentemente passou a ser permitida a intervenção de defensores.

Por outro lado, em todos os sistemas jurídicos islâmicos se foram criando e desenvolvendo profissões jurídicas laicas que exercem as suas funções em tribunais do Estado ou em aplicação do direito de fonte estadual. O elenco destas profissões (juízes, magistrados do Ministério Público, advogados, notários) e os traços essenciais dos respetivos estatutos indiciam geralmente a influência dos sistemas jurídicos dos Estados europeus que, em cada Estado islâmico, maior predomínio político exerceram.

O surgimento da profissão de advogado foi tardio. Um marco histórico foi a sua admissão nos tribunais mistos criados no Egito em finais do século XIX. Em tempos mais recentes, verifica-se, em vários países islâmicos, a proliferação de advogados, isolados ou em escritórios em que podem coabitar advogados muçulmanos, alguns dos quais com formação no estrangeiro (v. g. no Reino Unido, em França, nos Estados Unidos ou no Egito), com advogados estrangeiros ou ligados a grandes sociedades de advogados estrangeiras.

II. A formação dos juristas reflete e prepara esta mesma dualidade.

Nos países islâmicos, o Corão é recitado de cor nas escolas primárias e secundárias, onde se aprende também a *sira* (vida do Profeta), os hadites e os dogmas islâmicos. Mas a formação dos especialistas em xaria exige estudos mais avançados que se adquirem geralmente em universidades islâmicas, de orientação proselitista, das quais a mais célebre é a Universidade de Al-Azar, no Cairo, onde se ensina não só direito mas toda a "ciência da revelação". O seu prestígio explica que o projeto de Constituição egípcia de 2012 prescreva a consulta desta Universidade em matérias relacionadas com a xaria.

Não é esta todavia a formação mais comum dos juristas (magistrados e advogados) que na sua profissão vão aplicar preferencial ou exclusivamente direito positivo moderno. Este estuda-se em faculdades de direito ao estilo europeu.

Esta distinção não implica uma separação absoluta entre o estudo do *fiqh* e o estudo das fontes de direito laicas, ambos presentes tanto nas universidades islâmicas como nas faculdades de direito, sendo até possível obter, em algumas escolas superiores de ambos os tipos, licenciaturas mistas em xaria e em direito estadual.

Capítulo VI
Comparação entre os sistemas jurídicos islâmicos e "cristãos"

133. Questões metodológicas

I. A exposição subsequente pretende servir de síntese comparativa entre a família de direitos islâmicos, por um lado, e as famílias de direitos romano-germânicos e de *common law*, por outro. Trata-se portanto de um ensaio de **megacomparação**, em que os termos da comparação são famílias de direitos consideradas já após o apuramento dos elementos convergentes dos sistemas jurídicos que as compõem.

II. Em relação aos direitos islâmicos, tal significa que, depois de salientada a sua pluralidade e diversidade, a atenção incida agora mais sobre os seus carateres comuns. Isto não envolve qualquer alteração do alvo do estudo, que continua a ser formado pelos direitos vigentes. A circunstância de a xaria ser elemento comum a todos os direitos islâmicos não a transfigura em termo único da comparação.

Também em relação aos direitos romano-germânicos e de *common law*, é necessário fazer uma advertência. As duas famílias de direitos serão tomadas em conjunto, a partir das semelhanças e das tendências de aproximação que antes se detetaram. A consideração conjunta das duas famílias de direitos está subjacente a expressões como "direitos de origem europeia" (cuja marca histórico-geográfica recobre a pretensão de neutralidade) ou "civilização ocidental", eufemismo marcado por um erro geográfico óbvio (Praga ou Sidney não estão a ocidente de Argel ou de Marraquexe!).

Melhor parece, para o efeito, usar a expressão "direitos cristãos" (ou de "tradição cristã", como lhes chamou I. Galvão Telles) por vigorarem em Estados onde predomina a religião cristã, que é o elemento histórico comum e distintivo de outras famílias de direitos.

INTRODUÇÃO AO DIREITO COMPARADO

Tal não significa qualquer inflexão quanto à subsistência de diferenças relevantes entre os direitos das duas famílias. Corresponde apenas às exigências próprias deste específico objeto de comparação, em que a extensão e os contrastes internos só permitem resultados se a síntese se fizer em alto grau de generalidade e de simplificação.

III. Na comparação jurídica, sejam quais forem os termos em comparação, há sempre lugar para estabelecer semelhanças e diferenças, mas não há qualquer cânone metodológico que imponha uma certa ordem ou simetria. Na síntese que se segue, inicia-se a comparação pelas diferenças, conferindo maior relevo à conceção de direito.

§ 45º DIFERENÇAS ENTRE OS DIREITOS ISLÂMICOS E OS "DIREITOS CRISTÃOS"

134. Conceção de direito

I. O principal contraste entre os direitos islâmicos e os direitos de raiz europeia verifica-se desde logo na conceção de direito.

É óbvio que a xaria não coincide atualmente com o sistema jurídico de qualquer Estado islâmico. É mesmo certo que nunca, em parte alguma, coincidiu com o direito vigente, antes completou, de variadas formas, direitos tribais ou estaduais. Não é menos certo porém que, em todos os direitos islâmicos e por definição destes, a xaria continua sendo fonte de direito.

Como se viu, a xaria é um conjunto normativo complexo, legitimado pela revelação, cuja base religiosa se projeta em toda a vida social. No âmbito próprio da xaria, não há distinção entre religião, moral e direito, entre atos religiosos e relações humanas, nem sequer entre direito canónico e direito civil (ou laico), expressões que só têm sentido noutro contexto.

A xaria vigora a diferentes títulos, em diferentes matérias e com diferente intensidade nos diferentes direitos islâmicos atuais. A xaria pode ser invocada pela lei ordinária a título de direito supletivo ou consagrada pela Constituição como critério de interpretação da lei, como uma fonte de direito entre outras ou como a principal fonte de direito. Nalguns Estados, a Constituição explicita a necessidade de as leis se conformarem com a xaria ou nela se inspirarem.

Estas proclamações expressas não revelam por si só nem a extensão nem o modo de vigência nem o grau de influência efetiva da xaria no respetivo sistema jurídico.

Nalguns sistemas islâmicos, a aplicação direta de regras da xaria subsiste em domínios concretos, por não existir norma concorrente de outra origem que

COMPARAÇÃO ENTRE OS SISTEMAS JURÍDICOS ISLÂMICOS E "CRISTÃOS"

regule a mesma matéria (por exemplo, sobre a admissibilidade e os limites da poligamia ou sobre a aplicação de certas penas).

Mais frequente é contudo que a aplicação da xaria se apresente diluída noutras fontes, servindo, em graus diversos, como fonte de inspiração da lei e dos costumes ou do modo pelo qual os tribunais aplicam as fontes de direito positivo. Não se pode também esquecer que o espírito do *fiqh* permanece na doutrina jurídica de todos os países islâmicos.

De forma direta ou indireta e com graduações diversas, continua portanto a haver nos direitos islâmicos um lugar para o Corão, fonte revelada e origem primária de toda a xaria. Daqui resulta a subsistência nos modernos sistemas jurídicos islâmicos, mesmo quando considerados na globalidade das suas fontes, incluindo a lei e outras fontes laicas, de **uma certa indistinção conceptual entre religião e direito.**

De modo simbólico e sintético, esta indistinção tem a mais clara expressão na consagração constitucional do Islão como religião do Estado. Quanto maior for a influência da xaria nos direitos islâmicos, maior é o predomínio desta conceção difusa do direito.

II. Bem diferente é, sob este aspeto, a conceção de direito nos sistemas jurídicos romano-germânicos e de *common law,* que convergem na **distinção entre direito e outros sistemas normativos,** tais como a religião, a moral e as normas de convivência social.

Esta observação não colide com a influência da religião e da moral cristãs, elemento metajurídico comum aos direitos destas duas famílias. Na verdade, foi em ambiente cristão que a separação destas ordens normativas se gerou. Embora com antecedentes na filosofia e na prática greco-romanas, a máxima a partir da qual se desenvolveu está repetida em três dos quatro relatos evangélicos do Novo Testamento: "Dai a César o que é de César e a Deus o que é de Deus" (Mateus 22, 21; Marcos 12, 17; Lucas 20, 25).

A sua perceção, generalização e aplicação não foram nem imediatas nem lineares. A história dos povos cristãos está repleta de divisões e lutas cuja causa próxima ou remota esteve precisamente nas diferentes conceções sobre a separação entre direito e religião ou na sua projeção institucional: a separação entre o Estado e as Igrejas.

Mas nem estes episódios nem a inspiração religiosa (cristã) das doutrinas jurídicas dominantes durante muitos séculos na Europa impediram a progressiva distinção institucional e cultural, cujo marco decisivo coincide com o advento do liberalismo e com a crescente implantação do laicismo a partir da Revolução Francesa. No limite máximo, compreende a permissão do ateísmo e da sua difusão programática.

Não é por isso paradoxal afirmar simultaneamente que há uma **conceção cristã do direito** e que, na formulação atual dominante dessa conceção, o direito se distingue claramente da religião – da religião cristã ou de qualquer religião. Pode mesmo afirmar-se que, histórica e culturalmente, o direito, enquanto ordem normativa social e laica, racional e humanista, constitui um conceito cristão ou, com mais rigor, um conceito de origem greco-romano-cristã.

É esse conceito que os cristãos – primeiro os europeus e depois também os norte-americanos – vêm, desde há séculos, a divulgar (e, por vezes, a impor) a outros povos, incluindo, desde meados do século XIX, aos povos de religião islâmica.

III. Estas diferentes conceções criam dificuldades na comparação entre as ordens normativas vigentes nos países cristãos e nos países islâmicos. A própria palavra "direito" é equívoca, porque, se tem um âmbito razoavelmente preciso quando aplicada aos primeiros, tanto pode ser usada, em relação aos segundos, com um sentido equivalente como ter um sentido mais amplo em que se incluem também normas que, nos países cristãos, têm outra natureza (religiosa ou moral).

A solução a adotar consiste no uso do critério funcional, considerando na comparação apenas as normas e as instituições relativas a questões e a necessidades comuns aos sistemas em comparação, sem escamotear que a qualificação originária do que é "direito" radica na conceção de que está imbuído o comparatista de formação cultural cristã.

Observe-se, por último, que o contraste entre as conceções cristã e islâmica não tem, apesar de tudo, contornos que sejam sempre precisos e absolutos.

Por um lado, a vivência socioeconómica, em geral, e a configuração das instituições jurídicas islâmicas, em especial, sofreram, durante a segunda metade do século XIX e a primeira metade do século XX, uma influência da cultura europeia que tem sido contrariada, mas não suprimida, pelos esforços do ressurgimento islâmico. A neutralidade laica foi até cultivada em certos Estados islâmicos. De qualquer modo, o contínuo e crescente papel da legislação nos direitos islâmicos é veículo privilegiado para sustentar o progresso da conceção de direito gerada em ambiente cristão.

Por outro lado, no campo cristão, o laicismo e a separação entre religião e direito não podem ser exacerbadas. Nem a influência do cristianismo desapareceu completamente dos direitos dos países cristãos, nem a separação entre religião e direito é uniforme.

A invocação de Deus persiste em alguns juramentos políticos e judiciais e em textos constitucionais (v. g. no preâmbulo das constituições da Irlanda, da Grécia e de todos os Estados norte-americanos). Nalguns Estados europeus é reconhecida uma relação privilegiada do Estado com uma igreja (por exemplo, a igreja ortodoxa na Grécia, a igreja luterana na Dinamarca, a Igreja da Inglaterra, da qual a Rainha de Inglaterra é a "suprema governadora"). Noutros Estados, o direito canónico continua a aplicar-se à formação e à dissolução do casamento.

Além disso, há certas instituições em que, sob o manto de critérios morais ou até jurídicos, facilmente se vislumbra uma marca religiosa. Recordem-se, no plano da política legislativa, as polémicas sobre o aborto, o divórcio ou a união de facto e, no plano dogmático, a discussão sobre o direito natural ou sobre o âmbito dos bons costumes. A acesa divisão de opiniões não chega para excluir que, numa parte delas, se mantêm reminiscências da indistinção entre religião e direito ou, pelo menos, de subordinação axiológica do direito à religião.

Nos direitos islâmicos, a revelação é, em maior ou menor grau, fonte necessária de direito. Nos direitos cristãos, a revelação foi abolida do catálogo oficial das fontes de direito, mas vislumbra-se, aqui e acolá, como inspiradora de comportamentos regulados pelo direito e como critério da sua legitimação.

135. Fontes de direito e outros elementos jurídicos

I. Apesar das diferenças, por vezes acentuadas, de sistema para sistema, mesmo dentro da mesma família, a lei, a jurisprudência, a doutrina e o costume são **fontes de direito** comuns às três famílias de direitos. Nos direitos islâmicos, há mais uma fonte de direito: a xaria. Nesta diferença do elenco das fontes de direito radica não só a diferente conceção de direito já anotada como todas as outras diferenças que a seguir se assinalam.

O acréscimo do elenco das fontes de direito é também determinante da sua hierarquia naqueles Estados islâmicos que colocam a xaria em plano superior à lei, incluindo a Constituição.

Já o papel relativo das fontes estaduais (a lei e a jurisprudência) não é influenciado pela presença da xaria, refletindo antes o predomínio relativo de uma ou de outra conforme a natureza da herança cultural e até linguística (romano-germânica ou anglo-saxónica) deixada em cada um dos Estados islâmicos pelo Estado colonizador ou protetor.

II. A presença mais ou menos forte da xaria explica ainda que, em comparação com os direitos cristãos, predominem as formas autocráticas de **organização do poder político**. Mesmo quando oficialmente se proclama a democracia, esta não assume a forma representativa e pluripartidária que se reconhece na quase totalidade dos sistemas jurídicos de matriz europeia e norte-americana. A separação de poderes e, muito menos, a separação entre Estado e autoridades religiosas não fazem parte dos carateres comuns dos direitos islâmicos.

INTRODUÇÃO AO DIREITO COMPARADO

III. Apesar de uma proclamada (ou nem isso) conceção islâmica dos **direitos fundamentais**, o elenco destes e a sua prática é muito mais restrita nos direitos islâmicos do que nos direitos cristãos. As omissões mais frequentes respeitam à liberdade religiosa e ao estatuto das mulheres.

Qualquer destas diferenças se pode explicar pela relevância que, na conceção cultural cristã e humanista, assume o papel do indivíduo perante a sociedade em oposição com a ideia islâmica de subordinação dos interesses individuais aos interesses comunitários.

IV. Não há um modelo de **organização judiciária** típico dos direitos islâmicos. Também aqui as diferenças provêm mais de influências externas ao mundo islâmico do que de fatores intrínsecos do islamismo. Mas o reconhecimento da xaria determina ainda a necessidade de alguma especialização dos tribunais, até ao limite da persistência de tribunais em que a religião e o direito permanecem indistintos, assim como de **profissões jurídicas** com formação específica nas matérias em que a xaria é fonte autónoma de direito.

Especializações profissionais com base em critérios homólogos não têm correspondência nos direitos romano-germânicos e de *common law*. O caso mais próximo é porventura o dos juristas que, em países católicos, se dedicam a situações em que o direito canónico é aplicável.

§ 46º SEMELHANÇAS ENTRE OS DIREITOS ISLÂMICOS E OS "DIREITOS CRISTÃOS"

136. Conceção do direito e elementos metajurídicos
I. Apesar destas diferenças, fica ainda espaço significativo para as semelhanças entre os direitos islâmicos e os carateres comuns dos direitos romano-germânicos e de *common law*.

Em primeiro lugar, nem tudo é diferente na conceção do direito. Em confronto com os direitos do Extremo-Oriente (Japão e China), onde o direito desempenha um papel menor na vida social, não merecendo grande reputação, tanto nos países islâmicos como nos cristãos o direito desfruta geralmente de elevado prestígio e é considerado como um dos mais dignos meios de regulação de comportamentos e de resolução de conflitos. Nos direitos islâmicos, a origem revelada da xaria não deixa naturalmente de contribuir de modo positivo para esta conceção.

II. Outras semelhanças têm origem e incidência em certos aspetos de natureza política ou económica, que tendem a ser uniformes em todo o mundo contemporâneo. Nelas se podem incluir a base estadual da organização política e as soluções jurídicas materiais decorrentes da economia de mercado e do comércio internacional.

137. Elementos jurídicos

No plano dos fatores técnico-jurídicos, relembrem-se a coincidência das fontes de direito (com ressalva da xaria), o predomínio da lei, a escassa importância do costume (elemento que faz a diferença com os sistemas jurídicos da África ao sul do Sara), a estrutura hierarquizada dos tribunais, a admissibilidade de resolução de litígios através de arbitragem, a aproximação das categorias de profissões jurídicas, com destaque para os magistrados e os advogados, a exigência generalizada de formação universitária para estes profissionais.

BIBLIOGRAFIA

I. GERAL

ARMINJON, P./NOLDE, B. B./WOLFF, M. – *Traité de droit comparé*, 3 vols., Paris, 1950

BOGDAN, M. – *Comparative law*, Göteborg, 1994

BRONZE, F.J. – *"Continentalização" do direito inglês ou "insularização" do direito continental?*, Boletim da Faculdade de Direito da Universidade de Coimbra, supl. XXII, 1974

BUSSANI, M./MATTEI, U. (org.) – *The Cambridge Companion to Comparative Law*, Cambridge, 2012

CASTRO MENDES, J. – *Direito comparado*, Lisboa, 1982-83

CONSTANTINESCO, L.J. – *Traité de droit comparé*, 3 vols., Paris, 1972, 1974 e 1983

CRUZ, P. de – *Comparative law in a changing world*, 3ª ed., London, 2007

DAVID, R. – *Traité élémentaire de droit civil comparé. Introduction à l'étude des droits étrangers et à la méthode comparative*, Paris, 1950. Trad. espanhola: *Tratado de derecho civil comparado*, Madrid, 1953

DAVID, R. – *Le droit comparé. Droits d'hier, droits de demain*, Paris, 1982

DAVID, R./JAUFFRET-SPINOSI, C. – *Les grands systèmes de droit contemporains*, 11ª ed., Paris, 2002. Trad. portuguesa (da 4ª ed. francesa): *Os grandes sistemas do direito contemporâneo*, S. Paulo, 2ª ed., 1993

EBERT, K.H. – *Rechtsvergleichung. Einführung in die Grundlagen*, Bern, 1978

FERREIRA DE ALMEIDA, C. – *Direito comparado. Ensino e método*, Lisboa, 2000

FIKENTSCHER, W. – *Methoden des Rechts in vergleichender Darstellung*, 5 vols., Tübingen, 1975-77

FROMONT, M. – *Grands systèmes de droit étrangers*, 6ª ed., Paris, 2009

GAMBARO, A./SACCO, R. – *Sistemi giuridici comparati*, 3ª ed., Torino, 2008

GILISSEN, J. – *Introduction historique au droit*, Bruxelles, 1979. Trad. portuguesa: *Introdução histórica ao direito*, Lisboa, 1988

GLENDON, M.A./CAROZZA, P. G./PICKER, C. B. – *Comparative legal traditions*, 3ª ed., St. Paul, Minn., 2006

GUTTERIDGE, H. C. – *Comparative law*, Cambridge, 1946. Trad. francesa: *Le droit comparé*, Paris, 1953. Trad. espanhola: *El derecho comparado*, Barcelona, 1954

International Encyclopedia of Comparative Law [publicação em fascículos iniciada em 1971, distribuída pelos seguintes volumes: I – *National reports*; II – *The legal systems of the world*; III – *Private international law*; IV – *Persons and family*; V – *Successions*; VI – *Property and trust*;

VII – *Contracts in general*; VIII – *Specific contracts*; IX – *Commercial transactions and institutions*; X – *Unjust enrichment*; XI – *Torts*; XII – *Law of transport*; XIII – *Business and private organizations*; XIV – *Copyright and industrial property*; XV – *Labor law*; XVI – *Civil procedure*; XVII – *State and economy*]

LAITHIER, Y. M. – *Droit comparé*, Paris, 2009

LEGRAND, P. – *Le droit comparé*, 4ª ed., Paris, 2012

MOURA VICENTE, D. – *Direito comparado*, 2ª ed., Coimbra, 2012

PINTO DUARTE, R. – *Uma introdução ao direito comparado*, O Direito, Ano 138.º, IV, 2006

PIZZORUSSO, A. – *Corso di diritto comparato*, Milano, 1983. Trad. espanhola: *Curso de derecho comparado*, Barcelona, 1987

REIMANN, M./ZIMMERMANN, R. (org.) – *The Oxford Handbook of Comparative Law*, Oxford, 2008

RHEINSTEIN, M. – *Einführung in die Rechtsvergleichung*, 3ª ed., München, 1997

RIBEIRO MENDES, A. – *A existência de famílias de ordenamentos jurídicos e as críticas recentes às classificações tradicionais*, Estudos Jurídicos e Económicos em Homenagem ao Prof. Doutor António de Sousa Franco, Vol. I, Coimbra, 2006

RODIÈRE, R. – *Introduction au droit comparé*, Paris, 1979

SACCO, R. – *Introduzione al diritto comparato*, 5ª ed., Torino, 1992

SACCO, R. – *Che cos'è il diritto comparato*, Milano, 1992

SCHNITZER, A. F. – *Vergleichende Rechtslehre*, 2 vols., 2ª ed., Basel, 1961-62

VAN DER HELM, A. J./MEYER, V.M. – *Comparer en droit. Essai méthodologique*, Strasbourg, 1991

WAHLENDORF, H. A. S.L. von – *Droit comparé. Théorie générale et principes*, Paris, 1978

WIEACKER, F. – *Privatrechtsgeschichte der Neuzeit*, 2ª ed., Göttingen, 1967. Trad. portuguesa: *História do direito privado moderno*, Lisboa, 1993

WRÓBLEWSKI, J. – *Comparative Law and Legal Language: some methodological problems*, Comparative Juridical Review, vol. 1, 1988

ZWEIGERT, K./KÖTZ, H. – *Einführung in die Rechtsvergleichung*, 3ª ed., Tübingen, 1996. Trad. inglesa por T. Weir: *An introduction to comparative law*, Oxford, 1998

II. DIREITOS ROMANO-GERMÂNICOS

MERRYMAN, J. H./PÉREZ-PERDOMO, R. – *The civil law tradition. An introduction to the legal systems of Europe and Latin America*, 3ª ed., Stanford, 2007

1. Direito português

BAPTISTA MACHADO, J. – *Introdução ao direito e ao discurso legitimador*, Coimbra, 1983, 20ª reimp., 2011

BRONZE, F.J. – *Lições de introdução do direito*, 2ª ed., Coimbra, 2010

GALVÃO TELLES, I. – *Introdução ao estudo do direito*, Coimbra, vol. 1, 11ª ed., 2010, vol. 2, 10ª ed., 2010

OLIVEIRA ASCENSÃO, J. – *O direito. Introdução e teoria geral. Uma perspectiva luso-brasileira*, 13ª ed., Coimbra, 2005, 6ª reimp., 2011

Portuguese Law – an Overview (org. Ferreira de Almeida, C./Cristas, A./Piçarra, N.) – Coimbra, 2007

2. Direito francês

GHESTIN, J./GOUBEAUX, G. – *Traité de droit civil – Introduction générale*, 5ª ed., Paris, 2000
GUIMEZANES, N. – *Introduction au droit français*, 2ª ed., Baden-Baden, 1999
MALAURIE, P./MORVAN P. – *Introduction au droit*, 4ª ed., Paris, 2012
SOURIOUX, J.-L. – *Introduction au droit*, Paris, 1987
TERRÉ, F. – *Introduction générale au droit*, 9ª ed., Paris, 2012

3. Direito alemão

FERRAND, F. – *Droit privé allemand*, Paris, 1997
FOSTER, N./SULE, S. – *German legal system and laws*, 4ª ed., Oxford, 2010
FRECKMANN, A./WEGERICH, T. – *The German legal system*, London, 1999
GRIMM, D. (org.) – *Einführung in das Recht*, 3ª ed., Heidelberg, 2000
KÜHL, K./REICHOLD, H./RONELLENFITSCH, M. – *Einführung in die Rechtswissenschaft*, München, 2011
PÉDAMON, M. – *Le droit allemand*, Paris, 1986
ROBBERS, F. – *Einführung in das deutsche Recht*, 5ª ed., Baden-Baden, 2012. Trad. inglesa: *An introduction to German law*, Baden-Baden, 2006
ZEKOLL, J./MATHIAS, R. – *Introduction to German Law*, Alphen aan den Rijn, 2005

III. DIREITOS DE *COMMON LAW*

1. Direitos inglês e norte-americano

BLUMENWITZ, D. – *Einführung in das angloamerikanische Recht*, 7ª ed., München, 2003
EISENBERG, M.A. – *The nature of common law*, Cambridge, Mass., London, 1988
MATTEI, U. – *Common law. Il diritto angloamericano*, Torino, 1992
OLIVEIRA ASCENSÃO, J. – *As fontes do direito no sistema angloamericano*, Ciência e Técnica Fiscal, nᵒˢ 175-176, 1973
SÉROUSSI, R. – *Introduction aux droits anglais et américain*, 5ª ed., Paris, 2011

2. Direito inglês

BAKER, J. H. – *An introduction to English legal history*, 4ª ed., London, 2002
CROSS, R./HARRIS, J.W. – *Precedent in English law*, 4ª ed., Oxford, 1991
DAVID, R/BLANC-JOUVAN, X. – *Le droit anglais*, Paris, 2003
ELLIOTT, C. – *English legal system sourcebook*, London, 2006
HARRIS, P. – *An introduction to law*, 7ª ed., London, 2006
FRISON, D. – *Introduction au droit anglais et aux institutions britanniques*, Paris, 2005
KEENAN, D. – *Smith and Keenan's English Law*, 15ª ed., London, 2007
SLAPPER, G./KELLY, D. – *Sourcebook on English legal system*, 2ª ed., London, 2012
Walker & Walker's English Legal System, 11ª ed., Oxford, 2011
ZANDER, M. – *The law-making process*, 6ª ed., Cambridge, 2004

INTRODUÇÃO AO DIREITO COMPARADO

3. Direito norte-americano

BURNHAM, W. – *Introduction to the law and legal system of the United States*, 5ª ed., New York, 2011

CLARK, D. S./ANSAY, T. (org.) – *Introduction to the law of the United States*, Deventer, Boston, 1992

FARNSWORTH, E.A. – *An introduction to the legal system of the United States*, 4ª ed., New York, 2010

HAY, P. – *An introduction to U.S. law*, 2ª ed., 1991

LEVASSEUR, A. e o. – *Droit des États-Unis*, Paris, 1990

REIMANN, M. – *Einführung in das US-amerikanische Privatrecht*, 2ª ed., München, 2004

TUNC, A. – *Le droit des États-Unis*, 5ª ed., Paris, 1989

ZOLLER, É. – *Le droit des États-Unis*, Paris, 2001

IV. DIREITOS ISLÂMICOS

ABIAD, N. – *Sharia, Muslim States and international human rights treaty obligations: a comparative study*, London, 2008

ABU-SAHLIEH, S. A. – *Les musulmans face aux droits de l'homme. Religion & droit & politique. Étude et documents*, Bochum, 1994

ABU-SAHLIEH, S. A. – *Conflitos entre direito religioso e direito estadual em relação aos muçulmanos residentes em países muçulmanos e em países europeus*, Análise Social, nº 146-147, 1998

ABU-SAHLIEH, S. A. – *Religion et Droit dans les Pays Arabes*, Bordeaux, 2008

AMIN, S. H. – *Islamic Law & its Implications for the Modern World*, Glasgow, 1989

BADERIN, M. A. – *International human rights and islamic law*, Oxford, 2003

BLANC, F.-P. – *Le droit musulman*, 2ª ed., Paris, 2007

BLEUCHOT, H. – *Droit Musulman: essai d'approche anthropologique*, 2 tomos, Aix-en-Provence, 2000-2002

BOTIVEAU, B. – *Loi islamique et droit dans les sociétés arabes. Mutations des systèmes juridiques du Moyen-Orient*, Paris, 1993

COULSON, N. J. – *A History of Islamic Law*, Edinburgh, 1964 (reimp. 2005)

DE SEIFE, R. J. A. – *The Shari'a. An Introduction to the Law of Islam*, San Francisco, London, 1994

DOI, A. R. I./ CLARKE, A. – *Shari'ah. The Islamic Law*, 2ª ed., London, 2008

FERREIRA DE ALMEIDA, C. – *Direitos islâmicos e «direitos cristãos»*, Estudos em homenagem ao Professor Doutor Inocêncio Galvão Telles, vol. V, Coimbra, 2003

JERÓNIMO, PATRÍCIA – *Os direitos do Homem à escala das civilizações. Proposta de análise a partir do confronto dos modelos ocidental e islâmico*, Coimbra, 2001

MAMEDE, S. V. – *O Islão e o direito muçulmano*, Lisboa, 1994

MILLIOT, L./BLANC, F.-P. – *Introduction à l'étude du droit musulman*, 2ª ed., Paris, 1987 (reimp. 2001)

PANSIER, F.-J./GUELLATY, K. – *Le droit musulman*, Paris, 2000

SCHACHT, J. – *An Introduction to Islamic Law*, Oxford, 1964 (*Introduction au droit musulman*, Paris, 1999)

WAEL, H. – *Le droit musulman. Nature et évolution*, Paris, 1989

158

BIBLIOGRAFIA

V. COLETÂNEAS DE TEXTOS

CASTRO MENDES, J. – *Direito comparado – Textos de apoio*, Lisboa, 1982-83
FERREIRA DE ALMEIDA, C./ALLEN FONTES, J. – *Direito comparado. II. Textos de apoio pedagógico*, Lisboa, 1994
GALGANO, F. – *Atlante di diritto privato comparato*, 5ª ed., Bologna, 2011
SCHLESINGER, R. B. e o. – *Comparative law. Cases – Text – Materials*, 7ª ed., Mineola, New York, 2009
SCHWENZER, I./MÜLLER-CHEN, M. – *Rechtsvergleichung. Fälle und Materialen*, Tübingen, 1996
ZWEIGERT, K./PUTTFARKEN, H. J. – *Rechtsvergleichung*, Darmstadt, 1978

VI. REVISTAS

The American journal of comparative law (California)
Arab Law Quarterly (Leiden)
Columbia journal of transnational law (New York)
Comparative juridical review (Florida)
Comparative law review (Torun, Polónia)
Documentação e direito comparado (Lisboa)
International and comparative law quarterly (London)
Islamic & Comparative Law Review (New Delhi)
Rabels Zeitschrift für ausländisches und internationales Privatrecht (Tübingen)
Revue de droit international et de droit comparé (Bruxelles)
Revue internationale de droit comparé (Paris)
Zeitschrift für Rechtsvergleichung (Wien)
Zeitschrift für vergleichende Rechtswissenschaft (Heidelberg)

ÍNDICE ALFABÉTICO*

advogados 15, 47, **49**, 56, **68**, 89, 91, 111, 132, 137
Afeganistão 119, 123, 126, 128
África (v. direitos africanos)
África do Sul (República da) 22, 113
Alemanha (v. direito alemão)
âmbito da família de direitos
– romano-germânicos 57 s
– de *common law* 112 s
– islâmicos 124
Amtsgerichte 45
analogia 42, 83, 105, 111, 116, 120
Arábia Saudita 122, 124, 126, 128, 131
Argélia 124, 126, 130, 131
assentos 38
avoués 49
barristers **68**, 69, 70, 82
BGB (v. Código Civil alemão)
BGH (v. *Bundesgerichtshof*)
books of authority 71, **82**
Bundesgerichtshof 45, 46
California (Estado da) 85, 97, 100, 102
Câmara dos Lordes (v. *House of Lords*)
case law 63, 71, 78, 80, 92, 93, 100, 104, 105, 111, **114**, 116
cassação (sistema de) **46**, 53
Chancery (v. *Court of Chancery*)
civil law 114 ss
classificação dos sistemas jurídicos 2, 20 s

CNUDCI 11, 98
Code civil (v. Código Civil francês)
codificação 20, 27, **32 ss**, 56, 85, **97**, 108, 111, 116, 117, 122, 127
codifying Acts 79
Código Civil
– alemão 27, **32**, 34, 35, 36, 38, 53
– brasileiro 35
– checo 57
– egípcio 35, 122, 128
– francês 27, **32**, 33, 35, 36, 38, 53
– holandês 35
– iraniano 120, 122, 127
– da Louisiana 35, 97
– de Macau 35
– marroquino 122, 127
– português (de 1867) 27, **33**
– português (de 1966) **34**, 36, 37, 42, 53
– do Québec 35
– romeno 35, 57
– russo 35, 57
– suíço 10, **35**, 42
– de Timor-Leste 35
– turco 122
códigos civis (outros) 35, 57
códigos comerciais 27, 57, 98
colonização **28**, 55, 58, 59, **84**, 110, 115, 122, 135
commerce clause 96

* Os números indicam as divisões sistemáticas da obra; as remissões mais relevantes estão impressas **a negro**.

common law **61**, 62, 71, **72**, 73, 85, 94, 110, 111, **114 ss**
comparabilidade 14 *bis*
comparação de direitos 1
comparação entre
– Código Civil francês e BGB 32
– Código Civil português (de 1867) e francês 33
– Código Civil português (de 1966) e BGB 34
– *common law* e *civil law* 114 ss
– direitos inglês e norte-americano 108 ss
– direitos islâmicos e "cristãos" 133 ss
– direitos português, francês e alemão 24 ss
competência legislativa 15, **31**, 53, 56, **78**, 86, **96**, 111, 115
conceção do direito 15, 20, 56, 111, 116, 133 ss
Congresso (I) Internacional de Direito Comparado 7
conseils de prud'hommes 44
Conselho Constitucional francês 30
consolidating Acts **79**, 117
constitucionalidade 15, **30**, 53, 56, 78, 87, **95**, 99, 106, 108, 116
Constituição
– alemã 30
– de Estados islâmicos **126**, 128, 129, 134, 135
– francesa 30
– norte-americana 85, 86, 87, 88 *bis*, 92, **95**, 99, 106, 108
– portuguesa 30
constituições **30**, 108
Constitutional Reform Act 2005 63, 64, 70
contratos 3, 8, 16, 17, 17 *bis*, 27, 36, 38, 61, 62, 66, 68, 72, 79, 82, 104, 120, 127, 129
Corão **120**, 126, 128, 132, 134
Corpus Juris Civilis 26
costume 29, **36**, 37, 42, 53, 56, 71, 77, **81**, 92, 111, 115, 117, 120, 122, **125**, 135, 137
costumes germânicos **25**, 26, 55
county courts 64, **66**, 67, 70
Cour de Cassation 38, **44**, 46, 49
cours d'appel **44**, 46, 49

cours d'assises 17 *bis*, **44**
Court of Appeal 63, **65**, 67, 73, 76
Court of Chancery **62**, 72
Court of Common Pleas 61
Court of Exchequer 61
Court of King's Bench 61
Courts of Appeals **87**, 102
Crown Court **65**, 73, 75
descoberta do direito aplicável 15, **41 s**, **83**, **105**, 117
diferenças entre
– direitos de *common law* e de *civil law* 116, 117
– direitos inglês e norte-americano 108
– direitos islâmicos e "direitos cristãos" 134 s
– direitos português, francês e alemão 51 ss
direito alemão 23, **24 ss**, 57, 117
direito comparado
– autonomia 19
– funções 9 ss
– história 6 ss
– método 5, **14 ss**, 19
– natureza 1, 9
– noção 1, 4
– objeto 1, 2, 4, 19
direito escocês 2, 22, 67
direito da União Europeia 11, 12, 18, 63, 79, 117
direito dos Estados Unidos (v. direito norte-americano)
direito estadual (EUA) 86, **92**, 93, 98, 100, 105
direito estrangeiro **5**, 9, 10
direito federal (EUA) 86, **92**, 93, 100, 105, 106
direito francês **24 ss**, 57, 117
direito inglês 2, 23, 59, **60 ss**, 100, 107 ss, 112, 116, 117
direito internacional privado 10, 18
direito islâmico 124
direito norte-americano 23, 59, **84 ss**, 107 ss, 112, 116, 117
direito português 23, **24 ss**, 57

ÍNDICE ALFABÉTICO

direito russo 35, 57
direito uniforme **11**, 18, 98
direitos africanos 2, 21, 28, 58, 113, 115
direitos da Europa do Leste 35, 57
direitos fundamentais 30, 57, 95, 111, 115, 126, 135
direitos islâmicos 21, 35, 57, 58, 115, 118 ss, **124**, 125 ss
direitos nórdicos 87, 93
direitos socialistas 14, 20, 21, 57
distinções (técnica das) **73**, 76, 100
district courts 87
diversity jurisdiction **87**, 93
doutrina 29, **40**, 53, 56, 71, **82**, 92, **103**, 104, 106, 108, 116, 117, 125, 135
doutrina do precedente **73**, 75 ss, 83, 100, 108
due process of law 95
dupla conforme 46
Egito 119, 122, 123, 124, 128, 130, 131, 132
elementos
    – determinantes **15**, 17, 20
    – históricos **15**, 17, 23, 24 ss, 52, 110, 115, 116
    – jurídicos (ou internos) **15**, 17, 23, 53, 108, 111, 115, 116, 135, 137
    – metajurídicos (ou externos) **15**, 17, 23, 51, 109, 115, 116, 134, 136
ensino do direito (v. formação dos juristas)
equal protection 95
equity **62**, 63, 65, **72**, 73, **94**, 111, 114, 116, 17 *bis*
Escócia (v. direito escocês)
Estados Unidos (v. direito norte-americano)
estilo das sentenças 39, 74, 101
estrutura das regras jurídicas 15, 56, 111, 121
família de direitos
    – de *common law* 21, 23, **59 ss**, 114 ss
    – islâmicos 118 ss
    – noção de 20
    – romano-germânicos 21, 23, **24 ss**, 57 s, 114 ss
    – socialistas 20, 21, 57, 115
famílias de direitos
    – classificação 2, **20**, 21
    – comparação 2, 114 ss

fiscalização de constitucionalidade (v. constitucionalidade)
fontes de direito 15, 17, 20, **29 ss**, **71 ss**, **92 ss**, 116, 117, 118, **120**, **125 ss**, 130, 134, **135**, 137
formação dos juristas 15, **47**, 53, 56, **69**, **90**, 106, 108, 111, 116, 117
    – Estados islâmicos 131
forms of action **61**, 63
França (v. direito francês)
funções do direito comparado 9 ss
Gales 59, 112
grelha comparativa **15**, 16 *bis*, 17, 20, 59
harmonização de direitos 11, 98
híbridos (sistemas jurídicos) **22**, 58, 112, 113, 124
High Court of Justice 63, **65**, 66, 72, 73, 76
história 1
    – do direito comparado 6 ss
    – do direito inglês 60 ss
    – do direito norte-americano 84 s
    – dos direitos islâmicos 119, 122, 123
    – dos direitos romano-germânicos 24 ss
holding of the case **100**, 105
House of Lords (Appellate Commitee) 63
inconstitucionalidade (v. constitucionalidade)
Inglaterra (v. direito inglês)
institutos jurídicos 3, **16**, 17, 19, 20
integração de lacunas 10, 18, **42**, 56
interpretação
    – da lei 10, 18, **41**, 56, **80**, 83, 95, **99**, 108, 111, 116, 117
    – de sentenças 76
Irão 119, 120, 122, 123, 124, 126, 127, 128, 130, 131
Islão 119
Judicature Acts **63**, 72
juízes 43, **48**, **70**, 89, **91**, 108, 111, 116, 130 a 132
Julgados de Paz 43
júri 43, 62, 65, **88 bis**, 111, 116
jurisprudência 17, 29, **37 ss**, 42, 56, 71, **73 ss**, 92, **100 ss**, 106, 111, 115, 116, 117, 120, 125, 135
Landgerichte 45

INTRODUÇÃO AO DIREITO COMPARADO

lei 27, 29, **30 ss**, 56, 63, 71, **78 ss**, 92, **95 ss**, 108, 111, 115, 116, 117,125, **127**, 128, 129, 134, 135, 137
Lei da Boa Razão 6
leis-modelo 11, 98
leis uniformes 98, 106
liberalismo 27, 32, 33, 34, 115
linguagem comparativa 17 *bis*
Louisiana **22**, 35, 85, 97, 98, 112
macrocomparação **2**, 4, 14, 14 *bis*, **15**, 17, 18, 19, 24 ss
magistrates' courts **66**, 67, 70, 75
magistraturas 15, 47, 56, 116
  – judicial 48 (v. também juízes)
  – do Ministério Público 48
Marrocos 118, 122, 124, 126, 127
megacomparação 2, 115, 133
mesocomparação 4
método do direito comparado 5, **14 ss**, 19
microcomparação **3**, 4, 11, **16**, 16 *bis*, 17, 18, 19, 98, 117
Ministério Público **48**, 53, 68
nacional reporter system 102
natureza do direito comparado 9
New York (Estado de) 85, 97, 102
no federal general common law **93**, 100
Oberlandesgerichte 45
obiter dicta **73**, 100
objeto do direito comparado 1, 2, 4, 19
ordem jurídica 2
Ordenações 26
organização judiciária 15, 17, 27, 53, 56, 108, 116
  – alemã 45
  – Estados islâmicos 139, 131
  – francesa 44
  – inglesa 64 ss
  – norte-americana 87 ss
  – portuguesa 43
organização política 15, 30, 56, 81, 95, 96, 111, 115, 126, 135, 136
Paquistão 118, 124, 130, 131
pays des coutumes **26**, 32
pays du droit écrit **26**, 32
poderes implícitos 96
política legislativa 10, 18

Portugal (v. direito português)
pourvoi en cassation 46
precedente 22, 61, 64, 71, **73 ss**, 80, 83, **100**, 105, 108, 116, 117
  – persuasivo 37, 38, 73, 76, 100
princípios gerais de direito 29, 42
Privy Council (Judicial Commitee of) 65
profissões jurídicas 15, **47 ss**, 56, **68 ss**, **89 ss**, 108, 111, 116
  – Estados islâmicos 132
publicação de sentenças 75, 102
Queen's Bench Division 17 *bis*, **65**
Québec **22**, 35, 112
ratio decidendi **73**, 77, 80, 83, 100
receção do direito romano 20, **26**, 53, 55, 116
recursos 17, 43, 44, 45, **46**, 64, 65, **67**, **87**, 88
Reino Unido 2, 65, 108, 115
religião 15, 16, 23, 33, 54, 84, 109, 115, 119 a 124, 126, 129, 130, 133 a 135
ressurgimento islâmico **123**, 127, 128, 134
Restatements 92, **104**, 106, 108
Revision (recurso de) 46
revista (recurso de) 46
Revolução Francesa **27**, 32, 52, 55, 64, 115, 116
seleção das ordens jurídicas **18**, 23
semelhanças entre
  – direitos de *common law* e de *civil law* 115, 117
  – direitos inglês e norte-americano 109 s
  – direitos islâmicos e "direitos cristãos" 136 s
  – direitos português, francês e alemão 54 ss
sentenças 39, 74 s, 101 s, 130 (v. também precedente, recursos)
separação de poderes 27, 31, 53, 56, 108, 111, 115, 135
síntese comparativa 5, 23, 50 ss, 107 ss, 115 ss, 133 ss
sistema jurídico 2
sistemas jurídicos
  – alemão 24 ss
  – francês 24 ss
  – inglês 60 ss
  – islâmicos 118 ss

ÍNDICE ALFABÉTICO

– norte-americano 84 ss
– português 24 ss
sistemas jurídicos comparados **2**, 24 ss, 107 ss
sistemas jurídicos híbridos **22**, 58, 112, 113, 124
Société de Législation Comparée 7
solicitors **68**, 69, 70
stare decisis **73 ss**, 80, 99, **100**, 102, 105, 108, 111, 116
statute (*statutory law*) 63, 71, 97, **114**
substituição (sistema de) **46**, 53, 87
suna **120**, 126, 128
Supreme Court of the United Kingdom 63, 64, 65, 67, 73, 76, 77
Supreme Court (US) **87**, 93, **95**, 96, 102, 106
Supremo Tribunal de Justiça 38, **43**, 46
torts 65, 66, 82, 104
tradução 17 *bis*
tribunais (v. também organização judiciária)
– administrativos 43, 44, 45, 56, 64, 116
– de comarca 43
– de comércio 44, 53
– constitucionais 30, 43, 131
– estaduais (EUA) 86, **88**, 93, 100, 102
– federais (Alemanha) 45
– federais (EUA) 45, 86, **87**, 93, 100, 102
– inferiores (Inglaterra) 64, **66**, 73
– reais (Inglaterra) **61**, **62**, 63, 110, 114, 116
– regionais (Alemanha) 45
– da Relação 43, 46
– superiores (Inglaterra) 64, **65**, 73, 74
– supremos 43, 44, 45, 56, 65, 87, 88
– de trabalho 43, 44
– da xaria 130, 131
tribunals 64, 67
tribunaux d'instance 44
tribunaux de grande instance 44
trust 15, 16, 17 *bis*, 20, **62**, 65, 66, 68, 72, 79, 104
Turquia 57, **122**, 124, 130
UNCITRAL (v. CNUDCI)
União Europeia (v. direito da União Europeia)
UNIDROIT 11, 17 *bis*
Uniform Commercial Code 11, **98**
uniformização do direito (v. direito uniforme)
universidades 26, 40, 47, 69, 90, 106, 116, 133
U.S. Supreme Court (v. *Supreme Court (US)*)
writs **61**, 62, 63, 87
xaria **120** ss

ÍNDICE GERAL

PREFÁCIO DA 3ª EDIÇÃO   7

NOTA DE APRESENTAÇÃO DA 1ª EDIÇÃO   9

CAPÍTULO I

QUESTÕES GERAIS DE DIREITO COMPARADO

§ 1º Noção e objeto do direito comparado   11
1. O direito comparado como estudo comparativo de direitos   11
2. Macrocomparação   12
3. Microcomparação   13
4. Noção analítica de direito comparado   14
5. Direito comparado e conhecimento de direitos estrangeiros   14

§ 2º Breve referência à história do direito comparado   14
6. Precursores   14
7. Institucionalização do direito comparado   15
8. Desenvolvimento do direito comparado   15

§ 3º Funções do direito comparado   16
9. Funções "utópicas" e funções "realistas"   16
10. Funções relativas aos direitos nacionais   17
11. Funções relativas à uniformização e harmonização de direitos   18
12. Funções relativas à construção de regras de aplicação subsidiária   19
13. Funções de cultura jurídica   19

§ 4º O método em direito comparado   20
14. Razão de ordem   20

INTRODUÇÃO AO DIREITO COMPARADO

14 *bis*. Comparabilidade	20
15. O método na macrocomparação: constituição de uma grelha comparativa	22
16. O método na microcomparação: aproximação funcional e enquadramento jurídico	26
16 *bis*. Modelos microcomparativos	28
17. Processo comparativo: cânones metodológicos comuns à macro e à microcomparação	30
17 *bis*. Tradução e linguagem comparativa	34
18. Seleção das ordens jurídicas a comparar	36

§ 5º Natureza e autonomia do direito comparado	37
19. Teses em confronto e orientação adotada	37

§ 6º Agrupamento dos sistemas jurídicos em famílias de direitos	38
20. Critérios de classificação	38
21. As grandes famílias jurídicas contemporâneas	39
22. Sistemas jurídicos híbridos	40
23. Sistemas jurídicos selecionados para a comparação: justificação da escolha e método de exposição	41

CAPÍTULO II

SISTEMAS JURÍDICOS ROMANO-GERMÂNICOS

SECÇÃO I

COMPARAÇÃO DOS DIREITOS PORTUGUÊS,
FRANCÊS E ALEMÃO

§ 7º Fatores históricos comuns	43
24. Razão de ordem	43
25. O direito dos povos germânicos	43
26. A receção do direito romano	44
27. A Revolução Francesa, o liberalismo e a codificação	45
28. A colonização	46

§ 8º Fontes de direito	47
29. Elenco e hierarquia	47

ÍNDICE GERAL

§ 9º A lei — 47
30. As Constituições escritas e o controlo da constitucionalidade das leis — 47
31. Competência legislativa — 49
32. Comparação entre as codificações civis: Código Civil francês e Código Civil alemão — 50
33. Comparação do Código Civil português de 1867 com o Código Civil francês — 51
34. Comparação do Código Civil português de 1966 com o Código Civil alemão — 52
35. Influência em outros códigos dos códigos civis francês, alemão e português — 53

§ 10º O costume — 54
36. Relevância como fonte de direito — 54

§ 11º A jurisprudência — 55
37. Discussão sobre o valor da jurisprudência como fonte de direito — 55
38. O efetivo papel da jurisprudência — 55
39. O estilo das sentenças — 57

§ 12º A doutrina — 58
40. Relevância como fonte de direito — 58

§ 13º A descoberta do direito aplicável — 59
41. Interpretação da lei — 59
42. Integração da lei — 60

§ 14º Organização judiciária e sistemas de recurso — 61
43. Organização judiciária portuguesa — 61
44. Organização judiciária francesa — 62
45. Organização judiciária alemã — 63
46. Os sistemas de recurso — 64

§ 15º Profissões jurídicas — 65
47. Formação dos juristas — 65
48. As magistraturas judicial e do Ministério Público — 66
49. A profissão de advogado — 67

INTRODUÇÃO AO DIREITO COMPARADO

SECÇÃO II

SÍNTESE COMPARATIVA E ÂMBITO DA FAMÍLIA DE DIREITOS
ROMANO-GERMÂNICOS

50. Razão de ordem	68
§ 16º Diferenças entre os sistemas jurídicos português, francês e alemão	68
51. Elementos metajurídicos	68
52. Elementos históricos	68
53. Elementos jurídicos	68
§ 17º Semelhanças entre os sistemas jurídicos português, francês e alemão; caraterísticas comuns dos direitos romano-germânicos	69
54. Elementos metajurídicos	69
55. Elementos históricos	70
56. Elementos jurídicos	70
§ 18º Âmbito da família de direitos romano-germânicos	72
57. Na Europa	72
58. Em outros continentes	73

CAPÍTULO III

SISTEMAS JURÍDICOS DE *COMMON LAW*

59. Método de exposição	75

SECÇÃO I

DIREITO INGLÊS

§ 19º Evolução	76
60. Período anglo-saxónico (do século V d.C. até 1066)	76
61. A formação do *common law* na Inglaterra (de 1066 até finais do século XV)	76
62. O desenvolvimento do *common law* e a formação da *equity* (de finais do século XV até 1832)	78
63. O período moderno (a partir de 1832)	79

ÍNDICE GERAL

§ 20º Organização judiciária e sistema de recursos   81
64. Caraterísticas gerais   81
65. Tribunais superiores   82
66. Tribunais inferiores   84
67. Sistema de recursos   84

§ 21º Profissões jurídicas   85
68. *Barristers* e *solicitors*   85
69. Formação dos juristas   86
70. Recrutamento e estatuto dos juízes   86

§ 22º Fontes de direito   87
71. Elenco e hierarquia   87
72. O valor atual da distinção entre *common law* e *equity*   87

§ 23º A jurisprudência   88
73. A doutrina do precedente (regras do precedente vinculativo)   88
74. O estilo das sentenças   91
75. Publicação das sentenças   91
76. O precedente e a evolução do direito jurisprudencial   92
77. Fundamento e natureza da regra do precedente   93

§ 24º A lei   94
78. Função da lei no sistema jurídico e competência legislativa   94
79. Matérias abrangidas e técnica legislativa   94
80. Regras de interpretação   95

§ 25º O costume   96
81. Relevância como fonte de direito   96

§ 26º A doutrina   97
82. Relevância como fonte de direito   97

§ 27º A descoberta do direito aplicável   97
83. A omnipresença do precedente jurisprudencial   97

INTRODUÇÃO AO DIREITO COMPARADO

SECÇÃO II

DIREITO DOS ESTADOS UNIDOS DA AMÉRICA

§ 28º Formação do direito norte-americano	98
84. Período colonial (1607-1776)	98
85. Independência política e triunfo do *common law*	99
§ 29º Estrutura complexa do sistema	100
86. Federação e Estados; direito federal e direitos estaduais	100
§ 30º Organização judiciária e sistema de recursos	101
87. Organização judiciária federal	101
88. Organização judiciária estadual	102
88 *bis.* O júri	103
§ 31º Profissões jurídicas	104
89. Unidade da profissão	104
90. Formação dos juristas	104
91. Recrutamento e estatuto dos juízes	104
§ 32º Fontes de direito	105
92. Elenco e hierarquia	105
93. Sentido da expressão *no federal general common law*	105
94. O valor atual da distinção entre *common law* e *equity*	106
§ 33º A lei	106
95. A Constituição dos Estados Unidos	106
96. Competência legislativa	108
97. Codificação	109
98. Leis uniformes e leis-modelo	110
99. Interpretação da lei	110
§ 34º A jurisprudência	111
100. Valor do precedente	111
101. O estilo das sentenças	112
102. As coletâneas de jurisprudência	113
§ 35º Fontes secundárias de direito	113
103. A doutrina	113
104. Os *Restatements of the law*	114

ÍNDICE GERAL

§ 36º Pluralidade e unidade do direito norte-americano 116
105. A descoberta do direito aplicável 116
106. Fatores de unidade no direito dos Estados Unidos 117

SECÇÃO III

SÍNTESE COMPARATIVA E ÂMBITO DA FAMÍLIA
DE DIREITOS DE *COMMON LAW*

107. Razão de ordem 117

§ 37º Diferenças entre os direitos inglês e dos EUA 118
108. Elementos jurídicos 118

§ 38º Semelhanças entre os sistemas jurídicos inglês e norte-americano;
caraterísticas comuns dos direitos de *common law* 119
109. Elementos metajurídicos 119
110. Elementos históricos 119
111. Elementos jurídicos 119

§ 39º Âmbito da família de direitos de *common law* 121
112. Os direitos de *common law* 121
113. Influência em sistemas jurídicos híbridos 121

CAPÍTULO IV

COMPARAÇÃO ENTRE OS SISTEMAS ROMANO-GERMÂNICOS
E DE *COMMON LAW*

§ 40º Sentido da distinção entre *common law* e *civil law* 123
114. Terminologia 123
115. Semelhanças entre os direitos de *common law* e os direitos de *civil law* 124
116. Diferenças entre os direitos de *common law* e os direitos de *civil law* 125
117. Tendências de aproximação 127

CAPÍTULO V

SISTEMAS JURÍDICOS ISLÂMICOS

118. Questões metodológicas 129

INTRODUÇÃO AO DIREITO COMPARADO

§ 41º O Islão e a xaria	130
119. Religião islâmica	130
120. Xaria: sentido e fontes	131
121. Caraterísticas da xaria	133
§ 42º Evolução e atualidade dos direitos islâmicos	135
122. Do passado glorioso à modernização	135
123. O ressurgimento islâmico	136
124. A diversidade de sistemas jurídicos islâmicos na atualidade	137
§ 43º Fontes de direito	138
125. Elenco	138
126. Constituição	138
127. Códigos e outras leis	140
128. A xaria como fonte de direito atual	140
129. Dualidade dos sistemas e hierarquia das fontes	141
§ 44º Organização judiciária e profissões jurídicas	142
130. Os tribunais da xaria	142
131. Organização judiciária contemporânea	143
132. Profissões jurídicas e formação profissional	144

CAPÍTULO VI

COMPARAÇÃO ENTRE OS SISTEMAS JURÍDICOS ISLÂMICOS E "CRISTÃOS"

133. Questões metodológicas	147
§ 45º Diferenças entre os direitos islâmicos e os "direitos cristãos"	148
134. Conceção de direito	148
135. Fontes de direito e outros elementos jurídicos	151
§ 46º Semelhanças entre os direitos islâmicos e os "direitos cristãos"	152
136. Conceção do direito e elementos metajurídicos	152
137. Elementos jurídicos	153

ÍNDICE GERAL

BIBLIOGRAFIA	155
I. Geral	155
II. Direitos romano-germânicos	156
III. Direitos de *common law*	157
IV. Direitos islâmicos	158
V. Coletâneas de textos	159
VI. Revistas	159
ÍNDICE ALFABÉTICO	161